EL MUNDO DEL MÁS ALLÁ

EL MUNDO
DEL MÁS ALLÁ

Gloria Durán
University of New Haven

Manuel Durán
Yale University

Harcourt Brace Jovanovich, Inc.
New York   Chicago   San Francisco   Atlanta

ISBN: 0-15-520970-1
Library of Congress Catalog Card Number: 75-41847

Printed in the United States of America

Cover: Kay Sage, *Danger, Construction Ahead*. Yale University Art Gallery (gift of Mr. and Mrs. Hugh Chisolm).

Acknowledgments:

The authors wish to thank the following for permission to reprint material appearing in this volume:

Enrique Anderson Imbert for "El fantasma" from *El grimorio* and "Los cantares de antaño son los de hogaño" from *El gato de Cheshire*.
Juan José Arreola for "Baby H.P."
Perpetua Barjau de Aub and Agencia Literaria Carmen Balcells for "Trampa," by Max Aub.
Julio Caro Baroja for "El hotel de los desfallecimientos" and "Preparativos de viaje" from *El hotel del cisne,* by Pío Baroja.
Emecé Editores, S.A., Buenos Aires, for "La casa de Asterión" from *El Aleph,* by Jorge Luis Borges.
José María Carrascal for selections from *La muerte no existe.*
Julio Cortázar for "La isla a mediodía" from *Todos los fuegos el fuego.*
Brandt & Brandt for the selection from *El obsceno pájaro de la noche*, by José Donoso. Copyright © 1970 Editorial Seix Barral, S.A., Barcelona.
Osvaldo Dragún for *Historia del hombre que se convirtió en perro.*
Brandt & Brandt for "Tlactocatzine, del jardín de Flandes" from *Los días enmascarados,* by Carlos Fuentes. Copyright © 1965 Editorial Novaro, S.A., Mexico.
Pedro Gimferrer for "En la cocina."
José María Gironella for the selection from *Los fantasmas de mi cerebro.*
Ana María Matute for "El árbol de oro" from *Historias de la Artámila.*
Roberto Ruiz for "Los espías invisibles."

PREFACE

El mundo del más allá, "the world beyond," or "the other world," is the world outside the limits of the five senses—the world glimpsed only in our dreams and imaginations, or, in more modern terms, sensed by the unconscious. But it can be also our own world extended backward or forward in time—the world of the future extrapolated from current trends, or a re-creation of the world of the past. In short, although it cannot be photographed, *el mundo del más allá* is conceivably visible to the mind's eye, whether it be guided by reasoning or by intuition.

The authors represented in this volume have employed one approach or the other. They have sought to find a new reality and meaning in the phenomenon of dreams or have sought to warn and advise us in some way by their conception of the world of the future.

The latter type of writing, science fiction, is a relatively late arrival in the Spanish-speaking world and is still in its early stages. Much of it has distinctly political, as opposed to technological, overtones. Technology, in fact, is often treated with humor by Hispanic cultures, as the reader can easily see in the brief contribution of Juan José Arreola, which seems to anticipate the current energy crisis.

But the literature of fantasy and metaphysics, which seeks in dreams and the imagination a truer reality than that of the daylight world, has a long and revered tradition in Spanish letters. It is found as far back as the *romances*, or lyrical ballads, of the Middle Ages. The present volume includes an example from this period, the story by Don Juan Manuel, written in the fourteenth century. It is a tale that hinges on the relativity of time, an old theme that has gained new prominence since the publication and general acceptance of Einstein's theory that chronological time is not constant but can be varied according to the rate of speed at which one travels.

In contradistinction to nineteenth-century thought, science

in our age seems to have become in part an ally of fantasy instead of its enemy. Modern astronomy, like science fiction, expands our notions of space to a degree undreamed of in the past. Modern anthropology and psychology have given a new respectability to what was formerly regarded as mere myth. Even our dreams and fantasies are not entirely our own but partake of a heritage common to all humanity. Several of the stories in this collection illustrate the point dramatically.

The countless tales of ghosts and witches that appear throughout the history of literature illustrate the constant recurrence of old themes. This book includes a nineteenth-century example by Gustavo Adolfo Bécquer and modern examples by Carlos Fuentes, Enrique Anderson Imbert, and José Donoso. Our continuing obsession with monsters is illustrated in a multitude of perspectives by the works of Jorge Luis Borges, Horacio Quiroga, Pedro Gimferrer, and Osvaldo Dragún. The multifaceted nature of time is the theme not only of Don Juan Manuel, writing in the late Middle Ages, but also of José María Carrascal in his latest novel of science fiction. The belief in a double, our intuition of a twin soul, is dealt with in José María Gironella's factual revelation of this experience, "Fantasmas de mi cerebro"; Roberto Ruiz and Julio Cortázar treat the subject fictionally.

We have not limited *El mundo del más allá* to any one literary form or historical period. To provide variety as well as a broad representation of genres, we have included, in addition to the short-story form, Gironella's personal account of the occult, selections from several best-selling modern novels, a contemporary one-act play, and two satirical selections that might be considered essays. Spain and Spanish America are equally represented. Although we include several outstanding selections from earlier periods, the emphasis is on the very latest trends in Hispanic literatures. The common denominator of all the selections is their accessibility to the intermediate student.

For the teacher of Spanish, the world of the occult is a natural ally in fostering student interest. This is especially true when the inherent fascination of the material is not marred by great difficulties of syntax or vocabulary. In all the stories that appear here, marginal glosses in English anticipate any lexical difficulty that might detract from the emotional impact. Brief biographical sketches in English of the writers and their work are also designed to enhance the students' enjoyment of and familiarity with each selection.

The arrangement of material is thematic rather than chronological. This arrangement avoids a concentration on older works in the initial pages of the book—works that, because of vocabulary or obsolete verb forms, are inherently more difficult than contemporary literature. The plan also encourages classroom participation by students who may not have the literary or historical background to discuss the earlier works. The short Spanish introductions to each general topic are intended to stimulate conversation by providing basic vocabulary for dealing with each subject. They also provide clues to broader philosophical or psychological aspects, so that students may appreciate the works on as many levels as possible.

As a rule, the stories in each section progress from the simplest in language to the more complex. Gradation of difficulty always takes precedence over chronology. Those stories that are simplest of all are indicated by an asterisk in the Table of Contents. The assignment of each story to a particular section necessarily focuses on only one of several possible thematic elements. Students will no doubt discover others. The overall plan is meant to guide readers, not to limit them.

Grammatical exercises, questions, and topics for discussion follow each story. The exercises, which derive from the story's text, involve vocabulary drills (synonyms, antonyms, idioms), verb drills (emphasis on past tenses, the subjunctive, irregular forms), the use of prepositions (especially *por* and *para*), time expressions with *hacer*, numerals, and simple translations into Spanish. Words or phrases of similar form but different meanings are also singled out for attention. The questions are purely factual. The topics for discussion may be used for written compositions or for conversation. They are intended to encourage students to contribute something of their own experiences to the understanding of the work, making each story, as Borges would say, a joint creative effort of both author and reader.

GLORIA DURÁN
MANUEL DURÁN

CONTENTS

* Indicates easier selections.

3 Los Fantasmas

4 Los Monstruos

5 El Doble

6 La Bruja

7 El Futuro: Sátira, Ironía, Terror

1   Los Sueños
Y La Muerte

¿Qué son los sueños? Los astrólogos y sabios del mundo antiguo creyeron que los sueños podían predecir el futuro; eran mensajes o avisos de los dioses. Como nos enseña la Biblia, José ganó fama con el rey de Egipto por su análisis de un sueño profético.

Los sueños siempre han fascinado a la humanidad, tanto al ser civilizado como al primitivo, porque a pesar de todo lo que sabemos hoy día acerca de este fenómeno completamente natural, hay tantas maneras de interpretar los materiales fantásticos de los sueños que nadie puede afirmar que ha captado todo su significado. Según los freudianos los deseos sexuales reprimidos explican la mayoría de los sueños; también parecen surgir de experiencias vividas en la vigilia inmediata°.

la... the day before

Pero quizá los sueños más interesantes son los que se relacionan con la literatura y la religión, los sueños donde aparecen las figuras arquetípicas que se encuentran también en todos los mitos primitivos, figuras tales como la madre buena (la diosa°), la madre mala (la bruja°), el niño milagroso (Moisés o Jesús). Estos sueños parecen ser la fuente de muchos de los cuentos incluidos en el presente libro.

goddess / witch

En cuanto a los "sueños" que tratamos en ésta, la primera sección, expresan un solo tema, la muerte. A veces el narrador escapa a la muerte, y a veces la mira directamente a la cara. Pero la experiencia no es siempre terrorífica. Freud habla de un instinto sensible a la muerte, que tiende a aceptarla. Ha dicho que parte del subconsciente casi desea la muerte y la mira como a una cosa agradable. Es quizás por esta razón que en el cuento de Ana María Matute, por ejemplo, la muerte se presenta como algo muy bello. Mientras que en los sueños de Baroja y Max Aub el pavor ante la muerte sigue creciendo a medida que habla el narrador.

Pero, para bien o para mal, parece que tenemos que soñar. Por alguna razón que no entendemos nuestros sueños son parte indispensable de nuestra vida, de la totalidad de nuestra conciencia. Y allí está siempre presente la imagen de la muerte.

◀ Remedios Varo, *Arquitectura vegetal.*
Used by permission of the owner.

PÍO BAROJA

Pío Baroja (1872–1956) is one of the best known and most prolific of modern Spanish writers, with sixty-six novels and numerous volumes of tales, essays, and memoirs to his credit. A member of the famous Generation of 1898 (which included Miguel de Unamuno and Azorín), Baroja is usually considered a realistic novelist. Yet although his approach was scientific, almost matter-of-fact, Baroja, a physician turned novelist, was highly attracted to the subject of dreams. His novel El hotel del cisne, *not published until 1946, was almost entirely devoted to the dreams of its hero, Pagani, an unfortunate Argentine expatriate living in Paris. These dreams, although disparaged by Baroja as remnants of Pagani's impoverished past, as a "flea market of used ideas," are nevertheless the most fascinating aspect of his hero.*

Equally as interesting as the dreams themselves are Baroja's comments on the phenomenon of dreaming. In the introduction to the novel he says: "There is nothing written about dreams that's worth the trouble of reading. Most probably we're dreaming all the time, although we don't remember our dreams. Even animals dream, judging by their movements. I doubt that the mind is ever completely at rest. It is like all the other organs of man that are always working, and while some of the brain cells rest, others are on the look-out. . . . The poor dreams of our friend, Pagani, have nothing of the prophetic; they are sediments of his past. . . . The dreams of old people are different from those of youth, and those of women from those of men." And he concludes: "Someone said to me: 'why publish a book based on dreams?' It seems to me that what one thinks in dreams can be just as interesting as what one thinks in wakefulness, and at times more so. I don't believe, as Calderón said, that life is a dream. I believe that, on the contrary, dreams are life and that in death there is no dreaming."

The selections that follow are from El hotel del cisne.

EL HOTEL DEL CISNE

El hotel de los desfallecimientos°

fainting spells

Me han dicho: Es un hotel cómodo y magnífico como un palacio entre jardines. Allí se está muy bien.

—¿Será caro? —he preguntado yo.

—No. Es el precio corriente.

—Es extraño.

Me decido a ir. Tomo el tren y veo el hotel desde la estación. Efectivamente, es un palacio blanco entre jardines soberbios. Brilla al sol como un ascua°.

Tomo un cochecito ligero° y me acerco. Subo una escalinata° y en el vestíbulo me siento en un sillón y comienzo a escribir una carta en una mesa que tiene unos tinteros° grandes. Estoy contemplando el paisaje, siento cierta pesadez en la cabeza.

Luego salgo a pasearme en el parque. Miro hacia el hotel y veo que es un edificio enorme y derruido° como las Termas de Caracalla de Roma, colocado sobre un cerro° amarillento.

Subo a una gran terraza llena de gente pálida y débil. Me siento al lado de una señora amiga y un mozo° me trae una taza de té.

En una entrada de este palacio hay las personas de una comisión que va a saludar a no sé quién y al frente de ella va Abd-el-Kader[1], cuyo retrato he visto hace pocos días en una ilustración francesa del tiempo de Napoleón III.

De la comitiva° se destaca° un argentino o uruguayo, a quien conozco, me da la mano y no me dice nada.

En este café nadie paga ni nadie habla. Los mozos andan como sombras.

Con frecuencia alguna persona que está en la terraza se desmaya° y se pone blanco.

La gente dice:

—Es otro a quien le ha pasado lo mismo.

—¿Pero qué le ha pasado? —pregunto yo alarmado. No me contestan.

—Me voy a la cama— digo, y me pongo a buscar mi cuarto que tiene un número de tres cifras°.

Al subir por las escaleras noto que el hotel no sólo no está cuidado, sino que es desastroso.

Hay grandes rajaduras° en las paredes, cortinas sucias y polvorientas°. Entro en el cuarto que es pobre. Abro una ventana y veo un patio negro y feo. La habitación mía es horrible. Los muebles están apolillados°, la cama mugrienta°. No me decido a meterme en ella. Por el suelo veo que andan cucarachas° grandes y negras y rojas y montones de pulgas°.

Me levanto, voy a la puerta y la empujo° con esfuerzo y la abro. Me duele el brazo° y tengo una contractura en la pierna.

	ember
	cochecito... surrey, light, horse-drawn vehicle
	staircase
	inkstands
	in ruins
	hill
	waiter
	retinue / comes forth
	faints
	digits
	cracks
	dusty
	moth-eaten / filthy
	cockroaches
	fleas
	la... push it
	Me... My arm hurts

[1] Algerian military hero (1807–1883).

Marcho por un pasillo con dificultad, pero con decisión. Y comienzo a bajar escaleras y a cruzar corredores. Cuanto más ando° por escaleras, encrucijadas° y pasillos, me parece que voy perdiendo fuerzas. La puerta está cerrada. Hay unos ven-
50 tanales de cristal esmerilado°, pero no los puedo abrir. Entonces agarro° uno de los tinteros gruesos y pesados del escritorio, le vacío de tinta y lo tiro con fuerza contra el cristal que salta en pedazos. Al respirar el aire exterior empiezo a encontrarme bien, adquiero fuerza, abro la ventana, salto fuera y abandono
55 el hotel contento.

Preparativos de viaje

Estos días siento la angustia de tener que hacer un largo viaje con un sabio profesor a quien conozco.

No sé cómo se llama, ni sé su especialidad. Sólo sé que me espera en la estación del «Metro» del Boulevard Augusto
5 Blanqui².

Nos encontramos. La estación de ese «Metro» tiene varias escaleras para subir a la altura del viaducto que pasa por encima de la calle. Supongo que la escalera tendrá unos quince o veinte metros de alta°.

10 Subimos ese señor y yo escalones° y más escalones y él me dice:

—Aún hay que subir más.

—¡Pero hombre!

—Yo no tengo la culpa.

15 —Me ha fastidiado° este imbécil— refunfuño° yo.

Llegamos a un rellano° y el señor se escabulle° no sé por dónde.

—¡Qué impertinencia! —pienso.

Me encuentro delante de una puerta, la abro y me veo solo

20 en una explanada° con un monte al fondo nevado y una laguna a sus pies. Me da la impresión de ser alguna región nórdica de Italia.

—Aquí no hay ningún tren— digo protestando.

La estación es mísera, llena de escombros°. A lo lejos se ven
25 unas montañas majestuosas formando un gran anfiteatro.

Voy de un lado a otro y me encuentro con el jefe de la estación vestido pobremente de gris y con una gorrita° en la cabeza.

Es un tipo que podría ser un ruso.

² Subway station in Paris.

—¿Qué puedo hacer yo? —le pregunto.

—Lo que puede usted hacer— me contesta—, es aprovechar 30
un tren de peregrinos°. ¿Tiene usted algún inconveniente°?   pilgrims / objection

—Yo, ninguno. Pero aquí no veo ningún tren, ni con peregrinos ni sin ellos.

—Ahí lo tiene usted.

Efectivamente. Hay una fila de vagonetas pequeñas, roño- 35
sas°, destartaladas°, y en la primera una mujer guapa, vestida   filthy, rusty / broken-down
de monja°, que dirige el tren, manejando un volante° como de   nun / steering wheel
automóvil. Esta señora se parece a° una dama veneciana que he   se... looks like
conocido hace dos o tres días en casa de unos amigos.

—¿No hay más que esto? —pregunto yo.   40

—No, no hay nada más.

—Pero esto es una mala chatarra°.   pile of junk

—Sí, es posible. Pero no hay otra cosa.

Entro en la vagoneta y me siento sobre un banco de madera
y me quedo medio dormido.   45

Me despejo° al comenzar la marcha.   I wake up

—¿Qué vamos a hacer? —le pregunto a la mujer que es la
conductora.

—Ahora bajaremos ese monte.

—¿Y luego?   50

—Luego ya verá usted.

—Bien, está bien.

Veo que la mujer que conduce, lleva ahora un antifaz° negro.   mask
¿Para qué? No lo sé.

Se me ocurre fumar, lo que hace tiempo no hago. Saco un 55
cigarro, enciendo una cerilla° y la tiro con desdén a un automóvil   match
viejo próximo. Al choque de la cerilla, el automóvil presenta
primero un punto brillante, va éste aumentando de tamaño y
después se extiende a todo el coche que inmediatamente
queda rojo como un ascua. El automóvil baja la cuesta° del 60   slope
monte incendiando cuanto° encuentra a su paso. La mujer que   whatever
dirige la fila de vagonetas hace marchar su aparato con habilidad y va detrás del automóvil incandescente.

Por en medio del° campo cruzan ahora grandes trenes entre   Por... Across, through
llamas° a gran velocidad. El lago se ilumina con las luces rojas. 65   flames

—¿Qué va a pasar aquí? —pienso—. Esto es algo de la
Apocalipsis.

Llegamos a un túnel y en medio de él veo un agujero°, una   hole
sima° enorme.   abyss

—Estamos perdidos— digo yo—. Aquí no hay salvación. 70

—No, por ahí vamos a bajar— contesta la conductora amablemente.

cog railway

centipede

setting
burning

skull

—Pero, ¿por dónde?

—Por ahí, le digo a usted.

—Eso es imposible.

—Hay una cremallera° y verá usted cómo nuestro tren marcha muy bien. No crea usted que es tan malo.

Efectivamente, el tren de vagonetas entra en la sima y va pegado a la pared como un ciempiés°. Baja de una manera vertiginosa, y sale a una magnífica plaza de un pueblo de grandes palacios y una enorme catedral blanca. Los ventanales de ésta, cubiertos de vidrieras de colores, están iluminados por el sol poniente°. Al llegar allí nos detenemos. Todos los altos próximos están ardiendo°. Las llamas no llegan a la ciudad.

En la plaza hay una fuente gótica como la de Nuremberg.

El agua es clara, limpia, cristalina, y sobre ella hay rosas de todos los colores.

—¡Qué belleza! —digo yo.

Entonces la mujer da un grito. Se quita el antifaz y veo que no tiene cara, sino una calavera°.

EJERCICIOS

I. Verbos

Usted se ha dado cuenta de que todo el sueño está contado en el presente. Vamos a suponer que Baroja hubiera querido contarlo en el pasado, que hubiera empezado: "Me habían dicho que era un hotel..." Siga leyendo la primera página, cambiando todos los verbos en el presente a la forma adecuada del pasado. (Emplee el pretérito o el imperfecto, según las reglas que usted conoce.)

II. Cuanto más (the more); cuanto más... menos (the more . . . the less)

Emplee los verbos en su forma correcta para completar cada frase.

EJEMPLO: Cuanto más _____ por escaleras y pasillos, menos fuerzas _____. (andar, tener)

Cuanto más ando por escaleras y pasillos, menos fuerzas tengo.

1. Cuanto más _____ el brazo, menos ganas _____ de trabajar. (dolerle a uno, tener)

2. Cuanto más _____, más _____. (dormir, cansarse)
3. Cuanto más _____ el hotel, menos me _____. (mirar, gustar)
4. Cuanto más alegre _____, más ganas _____ de llorar. (sentirse, tener)
5. Cuanto más _____ la puerta, menos _____. (empujar, abrirse)

III. Sustituciones

Sustituya la parte en negrilla en cada frase por una de las expresiones siguientes, haciendo todos los cambios necesarios en la frase original.

fastidiar, tener la culpa de, tener inconveniente en, medio dormido, todo lo que

EJEMPLO: Me **parece** ser alguna region de Italia.
            Me da la impresión de ser alguna región de Italia.

1. Él se quedó **soñoliento** al sentarse sobre un banco.
2. ¿El fumar le **molesta**?
3. ¿Quién **es culpable** entre este grupo de peregrinos?
4. El coche enciende **cuanto*** encuentra a su paso.
5. Usted no **se opondrá a** su viaje.

IV. ¡Ojo!*

Fíjese en la diferencia entre **cuanto...** (*everything*) y **cuanto más...** (*the more*) en el ejercicio III. Ni el uno ni el otro es el interrogativo **cuánto.**

V. Preguntas

EL HOTEL DE LOS DESFALLECIMIENTOS
1. ¿Cómo le pintan al narrador el hotel? ¿Es cierto lo que le dicen?
2. ¿Qué es la primera cosa que hace al entrar en el vestíbulo del hotel?
3. ¿Qué es lo que siente?
4. Visto desde lejos, ¿cómo cambia su impresión del hotel?
5. Describa a las personas sentadas en la terraza y cuente lo que les pasa de vez en cuando.
6. Describa el cuarto del autor.
7. ¿Cómo se arregla él para salir del hotel?

* *Look out!* The words and expressions dealt with in this section have similar forms but different meanings. They should be carefully memorized.

1. ¿Qué sabemos acerca del compañero de viaje del autor?
2. ¿Cuál es la primera cosa que le fastidia al autor?
3. ¿Qué pasa con su compañero y a quién acude el autor para conseguir informes?
4. ¿Qué es lo que le aconseja esta persona?
5. Describa la mujer que dirige el tren de peregrinos.
6. Al empezar a fumar el autor, ¿qué es lo que pasa?
7. Al llegar a un túnel, ¿qué teme el autor?
8. ¿Por qué no comparte su temor la conductora?
9. Describa la bajada de la sima y la salida.
10. ¿Cómo es la ciudad adonde llegan por fin?
11. ¿Qué detalle le da un susto al autor al final del cuento?
12. ¿Quién, diría usted, es la conductora?

VI. Temas para conversación o para ensayos escritos

1. ¿Qué opina usted de la interpretación freudiana acerca de los sueños?
2. Si usted tiene dificultades en acordarse de sus sueños, haga el experimento (sugerido por Baroja a su amigo cuyos sueños hemos leído) de escribirlos en seguida al despertarse y traiga por lo menos un sueño a clase, escrito en español.
3. Si usted ha leído "The Suicide Club" de Robert Louis Stevenson, compárelo con el primer cuento.
4. ¿Diría usted que el segundo sueño es en total consolador o espantoso? Explique.
5. ¿Por qué hay menos terror en el primer sueño?

ANA MARÍA MATUTE *(b. 1926)*

Although we have placed the story that follows under the heading "Dreams and Death," it is not a nightmare. On the contrary, if it is a dream at all (and you may not be sure even after you finish the story), it is an exceedingly beautiful one. "El árbol de oro" first appeared in 1961 in a collection of twenty-two stories called Historias de la Artámila *(an imaginary region in northern Spain). The author, Ana María Matute, is perhaps foremost in the new generation of Spanish women writers. The story is typical of Matute's work, which frequently involves sensitive treatments of the problems of childhood. Her numerous novels (which include* Los hijos muertos, *translated into English as* The Lost Children*) also deal with memories of the Spanish Civil War, which she knew as a child and young adolescent. Most notable among these war novels is her trilogy* Los mercaderes.*

Like Pío Baroja, Ana María Matute conceals great artistry behind an apparently simple and direct style of writing. In most of her works there is a feeling for mood that almost approaches the magic. She has written more than a dozen novels, plays, and collections of childrens' stories; she tells us, however, in the preface to a collection of her Artámila stories prepared for American students,* that these stories were not written like any of the others. She says that they were taken directly from her childhood; they were felt and lived and shaped in her childish hands like modeling clay. They were written slowly, "drop by drop," almost unconsciously, many years later. Of all these stories, "El árbol de oro" is, in our opinion, the most beautifully wrought and undoubtedly the most mysterious.

EL ÁRBOL DE ORO

Asistí° durante un otoño a la escuela de la señorita Leocadia, en la aldea, porque mi salud no andaba bien y el abuelo retrasó° mi vuelta a la ciudad. Como era el tiempo frío y estaban los suelos embarrados° y no se veía rastro° de muchachos, me aburría dentro de la casa, y pedí al abuelo asistir a la escuela. El abuelo consintió, y acudí a aquella casita alargada y blanca de cal, con

I attended

delayed

estaban... the streets were muddy / no... there was no sign of

* *Doce historias de la Artámila,* ed. Manuel Durán and Gloria Durán (New York: Harcourt Brace Jovanovich, 1965).

el tejado pajizo° y requemado por el sol y las nieves, a las afueras° del pueblo.

La señorita Leocadia era alta y gruesa, tenía el carácter más bien áspero° y grandes juanetes° en los pies, que la obligaban a andar como quien arrastra cadenas°. Las clases en la escuela, con la lluvia rebotando° en el tejado y en los cristales, con las moscas pegajosas° de la tormenta persiguiéndose° alrededor de la bombilla°, tenían su atractivo. Recuerdo especialmente a un muchacho de unos diez años, hijo de un aparcero° muy pobre, llamado Ivo. Era un muchacho delgado, de ojos azules, que bizqueaba° ligeramente al hablar. Todos los muchachos y muchachas de la escuela admiraban y envidiaban un poco a Ivo, por el don que poseía de atraer la atención sobre sí, en todo momento. No es que fuera ni inteligente ni gracioso°, y, sin embargo, había algo en él, en su voz quizás, en las cosas que contaba, que conseguía cautivar a quien le escuchase. También la señorita Leocadia se dejaba prender de aquella red de plata° que Ivo tendía a cuantos° atendían° sus enrevesadas° conversaciones, y —yo creo que muchas veces contra su voluntad— la señorita Leocadia le confiaba° a Ivo tareas° deseadas por todos, o distinciones que merecían alumnos más estudiosos y aplicados.

Quizá lo que más se envidiaba de Ivo era la posesión de la codiciada° llave° de *la torrecita*. Ésta era, en efecto, una pequeña torre situada en un ángulo° de la escuela, en cuyo interior se guardaban los libros de lectura°. Allí entraba Ivo a buscarlos, y allí volvía a dejarlos, al terminar la clase. La señorita Leocadia se lo encomendó° a él, nadie sabía en realidad por qué.

Ivo estaba muy orgulloso de esta distinción, y por nada del mundo la hubiera cedido. Un día, Mateo Heredia, el más aplicado° y estudioso de la escuela, pidió encargarse° de la tarea —a todos nos fascinaba el misterioso interior de la torrecita, donde no entramos nunca—, y la señorita Leocadia pareció acceder. Pero Ivo se levantó, y acercándose a la maestra empezó a hablarle en su voz baja, bizqueando los ojos y moviendo mucho las manos, como tenía por costumbre. La maestra dudó un poco, y al fin dijo:

—Quede todo como estaba. Que siga encargándose Ivo de la torrecita.

A la salida de la escuela le pregunté:

—¿Qué le has dicho a la maestra?

Ivo me miró de través y vi relampaguear° sus ojos azules.

—Le hablé del árbol de oro.

Sentí una gran curiosidad.

---

tejado... roof thatched with straw
outskirts

gruff / bunions
arrastra... drags chains
bouncing
pesky / chasing each other
bulb
sharecropper

squinted

funny, witty

se... let herself be caught in that silver net
as many as / paid attention to / intricate

entrusted / tasks

coveted / key
en un... in a corner
libros... reading books

entrusted

diligent / take charge

glow

—¿Qué árbol?

Hacía frío y el camino estaba húmedo, con grandes charcos° que brillaban al sol pálido de la tarde. Ivo empezó a chapotear° en ellos, sonriendo con misterio.

—Si no se lo cuentas a nadie...   55

—Te lo juro°, que a nadie se lo diré.

Entonces Ivo me explicó:

—Veo un árbol de oro. Un árbol completamente de oro: ramas, tronco, hojas... ¿sabes? Las hojas no se caen nunca. En verano, en invierno, siempre.¹ Resplandece° mucho; tanto, que   60 tengo que cerrar los ojos para que no me duelan.

—¡Qué embustero° eres! —dije, aunque con algo de zozobra.° Ivo me miró con desprecio°.

—No te lo creas —contestó—. Me es completamente igual que° te lo creas o no... Nadie entrará nunca en la torrecita,   65 y a nadie dejaré ver mi árbol de oro! ¡Es mío! La señorita Leocadia lo sabe, y no se atreve° a darle la llave a Mateo Heredia, ni a nadie... ¡Mientras yo viva, nadie podrá entrar allí y ver mi árbol!

Lo dijo de tal forma que no pude evitar preguntarle: 70

—¿Y cómo lo ves...?

—Ah, no es fácil —dijo, con aire misterioso—. Cualquiera no podría verlo. Yo sé la rendija° exacta.

—¿Rendija...?

—Sí, una rendija de la pared. Una que hay corriendo el cajón   75 de° la derecha: me agacho° y me paso° horas y horas... ¡Cómo brilla el árbol! ¡Cómo brilla! Fíjate° que si algún pájaro se le pone encima° también se vuelve de oro. Eso me digo yo: si me subiera a una rama, ¿me volvería acaso de oro también?

No supe qué decirle, pero, desde aquel momento, mi deseo   80 de ver el árbol creció de tal forma que me desasosegaba°. Todos los días, al acabar la clase de lectura, Ivo se acercaba al cajón° de la maestra, sacaba la llave y se dirigía° a la torrecita. Cuando volvía, le preguntaba:

—¿Lo has visto?   85

—Sí —me contestaba. Y, a veces, explicaba alguna novedad:

—Le han salido unas flores raras. Mira: así de grandes°, como mi mano lo menos, y con los pétalos alargados°. Me parece que esa flor es parecida al *arzadú*°.   90

—¡La flor del frío! —decía yo con asombro°—. ¡Pero el *arzadú* es encarnado!°

¹ **siempre:** Es decir, *siempre lo mismo.*

puddles
wade

swear

It shines

liar
uneasiness / disdain

Me... It's the same to me whether

dare

crack

Una... One that can be seen (*lit.,* is there) if one pulls the chest aside to / crouch / spend
Just imagine
se... alights on it

que... that it unsettled me (*lit.,* that I became unsettled)

desk drawer / went

así... so big
elongated
poinsettia
surprise
red in color

—Muy bien —asentía él, con gesto de paciencia—. Pero en mi árbol es oro puro.

95 —Además, el *arzadú* crece al borde de los caminos... y no es un árbol.

argue

No se podía discutir° con él. Siempre tenía razón, o por lo menos lo parecía.

Ocurrió entonces algo que secretamente yo deseaba: me 100 avergonzaba° sentirlo, pero así era: Ivo enfermó, y la señorita Leocadia encargó a otro la llave de la torrecita. Primeramente, la disfrutó° Mateo Heredia. Yo espié° su regreso, el primer día, y le dije:

me... I was ashamed

la... had the benefit of it / awaited

—¿Has visto un árbol de oro?

105 —¿Qué andas graznando?° —me contestó de malos modos°, porque no era simpático, y menos° conmigo. Quise dárselo a entender, pero no me hizo caso. Unos días después, me dijo:

¿Qué... What are you croaking about?
de... with a bad temper / less so

—Si me das algo a cambio, te dejo un ratito la llave y vas 110 durante el recreo°. Nadie te verá...

recess

Vacié° mi hucha°, y, por fin, conseguí la codiciada llave. Mis manos temblaban de emoción cuando entré en el cuartito de la torre. Allí estaba el cajón. Lo aparté° y vi brillar la rendija en la oscuridad. Me agaché° y miré.

I emptied / piggy bank

Lo... I drew it aside
Me... I bent down

115 Cuando la luz dejó de cegarme, mi ojo derecho sólo descubrió una cosa: la seca tierra de la llanura° alargándose° hacia el cielo. Nada más. Lo mismo que se veía desde las ventanas altas. La tierra desnuda° y yerma°, y nada más que la tierra. Tuve una gran decepción y la seguridad de que me habían estafado°. 120 No sabía cómo ni de qué manera, pero me habían estafado.

plain / stretching out

bare / barren
cheated

Olvidé la llave y el árbol de oro. Antes de que llegaran las nieves regresé a la ciudad.

Dos veranos más tarde volví a las montañas. Un día, pasando por el cementerio —era ya tarde y se anunciaba la 125 noche en el cielo: el sol, como una bola roja, caía° a lo lejos, hacia la carrera terrible y sosegada° de la llanura—, vi algo extraño. De la tierra grasienta° y pedregosa°, entre las cruces caídas, nacía un árbol grande y hermoso, con las hojas anchas de oro: encendido y brillante todo él, cegador°. Algo me vino a 130 la memoria, como un sueño, y pensé: "Es un árbol de oro." Busqué al pie del árbol, y no tardé en dar con° una crucecilla° de hierro negro, mohosa° por la lluvia. Mientras la enderezaba°, leí: IVO MÁRQUEZ, DE DIEZ AÑOS DE EDAD.

was falling

carrera... awesome yet serene stretch
oily / rocky

blinding

dar... finding / little cross
rusty / la... I straightened it out

Y no daba tristeza alguna, sino, tal vez, una extraña y muy 135 grande alegría.

EJERCICIOS

I. Sustituciones

Sustituya la parte en negrilla en cada frase por una de las expresiones siguientes, haciendo todos los cambios necesarios en la frase original.

tener razón, dar a entender, atraer, encontrar

1. Años más tarde **di con** el árbol de oro.
2. Ivo le **explicó** que no podía dar la llave a otro muchacho.
3. Este chico de ojos negros **tenía su atractivo**.
4. Según Ivo, él siempre **estaba en lo cierto**.
5. El cuento **tendrá su atractivo para** algunos estudiantes.
6. Esta tarde **dimos con** Ivo chapoteando en los charcos.
7. Ivo nunca me **hacía entender** cómo era su árbol de oro.
8. Dudo mucho que este muchacho **esté en lo cierto**.

II. Transformaciones

Cambie según el ejemplo.

EJEMPLO: Ivo está encargado de la torrecita.
            Que siga encargándose Ivo de ella.

1. Mateo está encargado de los libros. Que _____.
2. Leocadia está encargada de la escuela. Que _____.
3. Mateo está encargado de los papeles. No quiero que _____.
4. Los hermanos están encargados de la limpieza. Quiero que

_____.

III. ¡Ojo!

Dejar quiere decir *to leave:* **Ivo me dejó las llaves:** o bien *to permit:* **No te dejo ver mi árbol.**
Dejar de quiere decir *to leave off:* **Cuando la luz dejó de cegarme, vi el árbol.**
Traduzca al español: **Leave me money.**
                        Leave off (stop) bothering me.
                        She let him talk.

IV. Preguntas

1. ¿Por qué se quedó la autora en la aldea durante todo el otoño?
2. ¿Por qué se aburría dentro de la casa?
3. ¿Qué le pidió al abuelo?
4. ¿Cómo era la escuela?
5. ¿Cómo era Ivo de apariencia?
6. ¿Cuál era su manera de hablar?
7. ¿Por qué le envidiaban los otros niños?
8. ¿Cómo era la torrecita?
9. ¿Qué actitud tenía Ivo acerca de su tarea especial?
10. ¿De qué detalles se acuerda la autora acerca de su primera conversación con Ivo cuando le habló del árbol?
11. ¿Qué es lo que tenía que jurar ella antes de que él accediera a contarle el secreto del árbol?
12. ¿Qué detalles dio Ivo acerca de su árbol?
13. Según Ivo, ¿qué les pasaba a los pájaros que se posaban encima del árbol?
14. ¿Cómo llegó Mateo Heredia a conseguir la llave de la torre?
15. ¿Cómo reaccionó Mateo ante la pregunta de la autora?
16. ¿Cómo consiguió la autora la llave?
17. ¿Qué es lo que vio la primera vez en la torre?
18. ¿En qué temporada y a qué hora pasaba por el cementerio?
19. ¿Qué es lo que vio allá?
20. ¿Qué descubrió escrito en la crucecilla de hierro?

V. Temas para conversación o para ensayos escritos

1. ¿Cómo explica usted la última frase del cuento?
2. ¿Cómo interpreta usted el cuento? ¿Cree usted que Ivo ha soñado con su propia muerte? (Fíjese en la frase, "¡Mientras yo viva, nadie podrá entrar allí y ver mi árbol!" ¿O cree usted que Ivo tenía el poder de ver el futuro?

MAX AUB

Max Aub (1903–1972) is one of the most prolific and imaginative Hispanic writers of our century. He was born in Paris and educated in Spain, which he left at the conclusion of the Civil War; he then went to France, and after being arrested by mistake, he spent three years in a concentration camp in Vichy-dominated North Africa, before finally settling in Mexico. There he wrote, in rapid succession, dozens of novels, plays, and short stories, as well as numerous television scripts. Aub was also a painter, ascribing many of his works to a non-existent Catalan artist whom he himself invented by writing a "biography" of Jusep Torres Campalans, a supposed precursor of Picasso. These paintings were so convincing that many were snapped up by New York art collectors when they were exhibited in connection with the English publication of the "biography." In this book, as well as in many other works, Aub was a master of irony, parody, and fantasy—an original black humorist. Yet he could also be a chronicler of actual events, as in the six novels dealing with the Spanish Civil War that have appeared under the title of The Magic Labyrinth (El laberinto mágico).

"Trampa" was written in 1948 and published in 1954 in the collection of stories Algunas prosas. *It depicts a mysterious and existential situation that may remind us of Poe's "The Pit and the Pendulum" or Kafka's* The Trial. *But Aub's character is in an even more anguishing situation than Poe's in that he does not know how or why he has fallen into the trap. The dark labyrinth in which he finds himself is the result of an inexplicable accident. Although it is never specifically stated, the story is a dream situation, totally irrational, but if anything, more terrifying for that reason.*

It is left for the reader to identify the nature of this labyrinth-trap from which the hero ineffectively struggles to extricate himself. A reasonable explanation is that the trap is death into which we inexorably stumble through no fault of our own. But just as reasonable, perhaps, is the explanation that the trap is life itself, the labyrinth into which we are catapulted and which can so easily turn into a nightmare.

TRAMPA°

trap

Empujó la puerta entreabierta y cayó en la trampa. No tenía por qué° haber entrado. Fue la puerta entreabierta: nada más. Tan

No... He had no reason to

pronto como dio un paso adentro la puerta se cerró y ya no hubo
salida.

5   Un cuarto redondo. Y enseguida se puso a golpear las
paredes y a intentar alcanzar más allá de lo posible. Fuerza,
astucia, engaño°. ¡A las tres!° Todo inútil. Y a dar y a darle
vueltas°. ¿Por qué entró allí? ¿Por qué no había seguido derecho, corredor adelante? ¿Quién le mandaba? Ahora estaría
10 libre, por° el corredor, en la luz.

    Golpeó la pared sorda°. La arañó°, y las uñas se le llenaron
de cal°. Y vuelta, vuelta y vuelta°. Golpear la pared, hasta más
no poder.

    Gritar, quedarse sin voz, para nada. El único culpable era
15 él. ¿Por qué entró? Nadie le empujó: fue la puerta entreabierta.
Echó maldiciones° para adentro. Las maldiciones no sirven para
nada. Entonces entra el descorazonamiento°. Las paredes
lisas°: ni un banco, ni una silla. Y el monólogo: ¡Imbécil de mí!
¡Quién me mandaba!

20   Cerrado, encerrado, sin salida. Celda, vuelta, rueda, punto°.
Cúpula°, tapa°.

    Una puerta cerrada es peor que una pared lisa. No hay nada
peor que caer en una trampa; no en una celda, sino en una
trampa. Ser uno el escogido, por idiota.

25   (¿Quién me mandaba empujar y entrar por aquella puerta?
Mi camino era el pasillo. Todo el problema está en que las
cosas sólo se hacen una vez, sólo se pueden hacer una vez.
Que el tiempo corre, y uno siempre se queda atrás, en el momento de pensarlo.)

30   No poder salir, no poder seguir adelante, no poder volver
atrás, atrapado. Dar vueltas: morderse la cola°. Cercado, circunvalado, circunvallado[1], a piedra y lodo°. Y la cal, blanca; hasta
en las uñas. Y no poder echar la culpa a nadie. Por no pensar,
por no fijarse, por no andar con pies de plomo°. Cogido, al azar°.

35   No hay razón para que yo esté aquí adentro. Debo salir.
Tengo que salir. Hay que apelar a la razón. Salir debe ser sen-
cillo y relativamente fácil. Debe haber una manera de salir que
corresponda, en su facilidad, a la de entrar. Lo que se hizo
siempre se puede volver a hacer. ¿O no? Hay que tener calma,
40 y pensar. Empezar en cero. Si la puerta se cerró tiene que
abrirse, dar paso. Vayamos paso a paso. ¿Por qué vayamos?
¿Yo y quién? ¿Cuántos soy yo? Lo peor sería impacientarse.
Claro está que allí veo llegar la desesperación, poco a poco,
morada°, allá al fondo, ganando terreno, como una franja° de

---

[1] **circunvalado, circunvallado:** The first word means surrounded; the second
means protected, as by a fence, a walled-in space. Observe the pun.

Glosses (left margin):

trick / Now! (*lit.,* one, two,
   three . . . go!")
going round and round

walking along

dumb, unresponsive / scratched
chalk / and again, again and
   again

curses

loss of heart

smooth

Celda... A cell, a turn,
   a wheel, a time to rest.
dome / lid

morderse... biting one's tail

a... by stone and mud

andar... to be careful (*lit.* to
   walk with leaden feet) / **al...**
   at random

purple-colored / fringe

mar, pegada al horizonte. Me llegará el agua al cuello y perderé 45
pie. Pero aun tengo tiempo. Tengo que calcular, discurrir, con
calma. En el recuerdo está la solución. Yo venía por el corredor
y vi la puerta entornada°. ¿Por qué entré? No. Este es mal   ajar
camino. Lo pasado, pasado. Lo malo es que no hay donde
sentarse. ¡Cuidado con las equivocaciones! Y contar con los 50
dedos: primero, segundo, etcétera.

Bien, he aquí el orden. ¿Pero para qué sirve si he caído en
una trampa? Lo primero: no perder la compostura. Afeitarse°   shave
todas las mañanas.

Estoy cercado, sin salida. Pero, ante todo, no desesperar. 55
Antever° los inconvenientes y suputar° con los dedos. No echar   foresee / reckon
la culpa a nadie.

Si por lo menos hubiese donde sentarse. Siempre se puede
uno sentar en el suelo. Pero si se sienta uno en el suelo todo está
perdido. Hay que tocar la pared con los nudillos°, ver a qué 60   knuckles
suena.

Sorda, como era de esperar. Mudo muro, de tierra, lleno, sin
hueso°.   hollow space (*lit.*, bone)

Que no llegue la cólera°. ¡Alto a la sinrazón!° Empieza en los   anger / nonsense
pies, y sube enroscándose°. Estoy encerrado sin que nada lo 65   crawling up in snake-like
justifique. Nadie lo podía prever. ¿Por qué entré? Cuidado con   movement
mi sangre. La sangre no atiende° razones. Y lo que importa aquí   heed
es la razón. La razón de la trampa. Nadie lo podía prever, más
que yo. Entonces, ¿hay que creer en Dios sólo cuando se cae en
una trampa?   70   **Despachurrarlo...** [I'm go-
                                                                      ing] to destroy, rip open,
No dejar una flor sana. Despachurrarlo todo.° Porque no hay   everything.
derecho.°   **Porque...** They have no right
                                                                      to do this.
Hay que suponer que me buscarán. La salvación vendrá de
afuera. Es vergonzoso, pero sin remedio. Entonces ¿hay que
esperar, sentado en el suelo? ¿Y si me olvidan? Las sabandijas° 75 reptiles
que están encovadas° en la pared.   hidden

¿Y de dónde viene la luz, si no hay resquicio° que le deje   chink, opening
paso?

Lo espantoso era que había perdido la voz.

EJERCICIOS

I. Sustituciones

Sustituya la parte en negrilla en cada frase por una de las expresiones
siguientes, haciendo todos los cambios necesarios en la frase original.

volver a hacer, echarse la culpa, no tener por qué, prestar atención a, atender a, ponerse a, tan pronto como

1. La sangre no **escucha** razones.
2. Lo que se hizo alguna vez siempre se **hace de nuevo**.
3. El **se acusó** a sí mismo.
4. El se encontró en la trampa porque no **se fijaba por dónde iba**.
5. **No había razón para** entrar allí adentro.
6. **En cuanto** dio un paso adentro la puerto se cerró.
7. El **empezó a** golpear las paredes.

II. Explicaciones

1. ¿Qué es una maldición?
2. ¿Qué clase de criatura se muerde la cola?
3. ¿Cuál es la diferencia entre el orden y el azar?
4. Si usted pide direcciones y le contestan, "Vaya usted a la derecha", demuestre lo que usted haría. Si dicen, "Vaya usted derecho", demuestre otra vez lo que haría.
5. ¿Qué quiere decir "No hay derecho"?
6. ¿Qué quiere decir "¡Alto a la sinrazón!"?

III. Interrogativas

Las siguientes frases son respuestas. Para cada una haga usted una pregunta que exige la respuesta, utilizando palabras interrogativas (**¿Cuándo? ¿cuál?** etc.).

1. Nadie le mandaba.
2. La salvación vendrá de afuera.
3. Empezó a creer en Dios al caer en la trampa.
4. Su ambición fue la razón de la trampa.

IV. Preguntas

1. ¿Cómo encontró la puerta el único personaje de este relato?
2. ¿Qué ocurrió en cuanto entró?
3. ¿Qué muebles había en la habitación?
4. ¿Qué mueble le hacía más falta? ¿Por qué?
5. ¿Quién tenía la culpa de este accidente?
6. ¿Qué consejo se da a sí mismo?
7. ¿De dónde cree que vendrá la salvación?
8. ¿Qué es lo que teme el narrador?
9. ¿Qué es lo que le pasa al final del cuento?

V. Temas para conversación o para ensayos escritos

1. ¿Cree usted que es "Trampa" un relato de tipo realista, o bien de tipo simbólico? Si se inclina hacia la segunda interpretación, ¿lo considera simbólico de qué aspectos de la condición humana?

2. Otra posible interpretación: se trata de una pesadilla. En este caso, ¿qué temores ocultos o subconscientes se revelan en el cuento?

3. Hay dos detalles misteriosos: las sabandijas ocultas en la pared y el hecho de que el héroe-víctima pierde la voz al final. ¿Cómo los explica? ¿Podría relacionarlos?

4. ¿Cómo explica la presencia de la luz al final del cuento? ¿Es real o imaginada? ¿Qué significa en cada caso?

5. ¿Ha tenido usted alguna vez una pesadilla semejante a lo que ocurre en este cuento? Si es así, explíquela y dé su interpretación de su propia pesadilla.

6. Considerándolo como pesadilla, compare este cuento con "El hotel de los desfallecimientos" de Pío Baroja. ¿Cuál le asusta más?

2

Las Dos Caras
Del Tiempo

◀ Salvador Dali, *The Persistence of Memory*, 1931. Oil on canvas, 9½″ × 13″. Collection, The Museum of Modern Art, New York (given anonymously).

El tiempo es parte de nuestra experiencia cotidiana°, y quizá por ello mismo nos resulta difícil describirlo. La idea del tiempo nos sugiere la visión de relojes de todas clases, calendarios, y, en fin, todos los instrumentos imaginados por el hombre para transformar el tiempo en un movimiento en el espacio. Nuestra cultura occidental ha conseguido reducir el tiempo a unidades fáciles de medir°, colectivamente aceptadas: esto ayuda a nuestras sociedades a sincronizar y regular sus actividades, a armonizar su trabajo. Pero sospechamos que el tiempo que se puede medir no es el único tipo de tiempo. Nos dicen los antropólogos que para los pueblos primitivos el tiempo no implica necesariamente el movimiento del pasado hacia el futuro, en el cual el presente resbala° inmediatamente en el pasado y desaparece. Para estas sociedades primitivas el día festivo que conmemora un gran evento en la historia o en la mitología de la tribu reencarna o reconstruye este evento: el tiempo antiguo regresa, los hombres del presente lo reviven, se sienten igual que sus antepasados. Para estas sociedades el tiempo es cíclico: se parece a una gran serpiente que se muerde la cola. Y para ellas la idea del progreso no existe; no creen que el futuro pueda distinguirse en ninguna forma del pasado. Para esta sensibilidad no existe casi el conflicto entre el tiempo subjetivo —el tiempo tal como lo siente y puede describirlo un ser individual— y el tiempo "oficialmente reconocido", el tiempo público, social. Para ellos el tiempo es un aspecto del eterno presente. En cambio, para el hombre moderno occidental, que trata de comparar su existencia a la del universo, escucha el latido° de su reloj interno y mide la vida de las estrellas, el tiempo se transforma en obsesión. El tiempo es el enemigo que eventualmente destruirá la existencia de cada individuo. Y puesto que con frecuencia no creemos en otro tiempo, en otra existencia más allá de nuestra vida terrestre, nos sentimos

everyday

to measure

slips

beat

seized / to experience it

linked

embrace

arrebatados° por el deseo de experimentarlo° todo en el límite de unos pocos años. Por ello los temas del tiempo y de la muerte están íntimamente ligados°. Y por ello, a través de la conquista del tiempo mediante la aceleración del movimiento de los hombres, hasta el punto en que sea posible detener el tiempo, José María Carrascal sugiere, en su interesante texto de ciencia-ficción, que algún día será posible crear la inmortalidad del hombre. Claro está que la tentación de manipular el tiempo no es nueva: nuestro texto de Don Juan Manuel, escritor del siglo XIV, sugiere que una extensión mágica de un solo instante basta para abarcar° una vida entera; y el escritor argentino contemporáneo Enrique Anderson Imbert sugiere en el relato que incluimos que una máquina de tiempo —como la de H.G. Wells, pero en este caso invisible— puede romper las barreras de la mortalidad, introduciendo en el presente, aunque sólo por unos minutos, a alguien que murió hace ya varios siglos.

JOSÉ MARÍA CARRASCAL   (b. 1930)

José María Carrascal is a well-known journalist who covers the United Nations as well as the American scene for the Spanish press. He has also been an official in the merchant marine of Spain, a translator, a foreign correspondent in Germany, and, in 1972, the winner of the coveted Nadal Prize for the best Spanish novel. The book, Groovy, *is a portrayal of American adolescents in the sixties; it contains a barrage of totally new words that Carrascal introduced into Spanish in order to translate the vital experience of hippies.*

La muerte no existe *(1975) from which several selections have been chosen for the present anthology, is a novel based on science fiction—one of the first to be written in Spain. Although the selections are chapters in the novel, they are brief and self-contained, so that they may be enjoyed equally as short stories. Carrascal's journalistic training makes for a simple, direct style and an authenticity that is the mark of a conscientious reporter. Far from the gothic in inspiration, the stories reveal an interest that is basically scientific and metaphysical. The future as projected by Carrascal, beginning some ten years from the present date and extending into the millennia ahead, is a continuation of current scientific trends and familiar emotions (love, nostalgia, boredom, fear of mutual annihilation). But there is also a large measure of humor, as we find in the spoof on technology "Vacuna contra el amor," which is included in the last section of this anthology.*

The brief selections that follow deal first with the relationship of dreams to time (and death) and secondly with the multifaceted nature of time itself. The title of the novel, we should add, is probably not to be taken in a religious sense but rather as an allusion to the idea that if man can attain the speed of light, he will have overcome time completely and thus, in a new form, will achieve immortality.

DIARIO CLÍNICO

Diario clínico. Dr. Mario Iunesco — 25 de mayo del 3472.

—¿Qué le ocurre a usted?°

El tipo era todo lo contrario de lo que puede esperarse en la consulta de un siquiatra: tranquilo, afable, de ademanes° suaves y pausados. Sonrió antes de contestar.

5

Qué... What ails you? What's wrong with you?

gestures

illness

dreams

drown

I disappear, I am obliterated

pasados... being over forty
todo... as much as

unreal

a... all in all
the normal one
forbidden
Y... And since the time of dreams is different from the time of wakefulness

Se... Do you realize

faltarle... not to have

brake

carefully
wrists / speech

—Mi dolencia° es muy extraña, doctor: no sueño.

—¿Quiere decir que no duerme?

—No, no, dormir lo hago perfectamente. Que no sueño. Nunca he soñado, nunca he tenido pesadillas, ni tampoco
[10] ensoñaciones° agradables. No sé qué es sentirse perseguido por algo sin poder escapar, ni hacer el amor con la chica que nunca poseeremos, ni ahogarse° sin poder hacer nada, ni montar en un tren que no se sabe a dónde va, ni volver a vivir en la casa de nuestra infancia, ni ver a las personas que han
[15] muerto, como oigo y leo ocurre a los demás. El resto es igual: me echo en la cama, leo un poco, apago la luz y tardo más o menos en dormirme. Pero cuando lo hago, prácticamente desaparezco° hasta la mañana siguiente. No me pasa nada, no me ocurre nada, ni bueno ni malo. Cuando niño no me preocupaba,
[20] ya sabe como son los niños. Tampoco de joven, sobre todo cuando me enteré de lo terribles que pueden ser las pesadillas. Pero ahora, pasados los cuarenta°, he empezado a ver las cosas de otra forma. Tengo más tiempo libre y he leído todo cuanto° ha caído en mis manos sobre la materia. Casi me he convertido en
[25] un experto en sueños, aunque nunca podré, naturalmente, competir con un profesional. Y hay algo que me preocupa cada vez más: soñar es una forma de vivir, extraña, distinta, irreal° si se quiere, pero una forma a fin de cuentas°, que en determinados casos puede incluso ser más intensa que la corriente°. Una
[30] forma de la que estoy excluido, que me está vedada°. Y como para el sueño no rige el mismo tiempo que para el desvelo°, no puede decirse que pierdo sólo los escasos momentos que dura cada uno de ellos. En esos minutos, segundos a veces, caben episodios completos, aventuras fascinantes, pedazos enteros
[35] de vida. Suponga que en cada noche sólo se tengan dos, en un año serían setecientos, en diez años, siete mil, en una vida de cien años, setenta mil. ¿Se da cuenta°, doctor? Setenta mil aventuras que nunca viviré, setenta mil episodios de los que estoy excluido. Esto es peor que faltarle a uno° un brazo o una
[40] pierna, esto es como estar ciego para la parte más excitante de la existencia: aquella en la que los controles no pueden imponer su freno°, aquella en la que domina por completo el subconsciente. Por eso me he decidido a venir. ¿Usted cree que puede hacerse algo?

[45] Le había estado observando detenidamente° pies, manos, cuello, cara, muñecas°, durante la perorata°, para mirar de vez en cuando con disimulo al reloj sobre su mesa, como si tuviera prisa. Pero al hablar no lo aparentaba.

—Permítame una pregunta: ¿tiene usted alguna facultad

fuera de lo corriente? Me refiero a alguna particularidad especial, rara. [50]

La sorpresa se pintó en la cara del otro.

—¿Cómo lo ha adivinado? Sí. Paro° los relojes. No puedo llevar reloj de pulsera°, ¿ve? —mostraba la muñeca izquierda—, en cuanto° me pongo uno, se detiene. No importa que sea eléctrico o de cuerda, se quedan clavados°. Y lo cómico° es que no hay avería en ellos°. En cuanto me los quito y los pongo sobre cualquier cosa, empiezan a andar de nuevo. Lo noté cuando mis padres me regalaron el primero, al ingresar en el instituto°. Al comprobarlo, me llevaron al médico, pero dijo que no nos preocupáramos, que no tenía el menor peligro para mi salud. En efecto, no he notado otra cosa, incluso no he estado enfermo en toda mi vida. Excepto eso que le digo del sueño. ¿Usted cree que tiene algo que ver°? [55] [60]

Afirmó pesarosamente° con la cabeza. [65]

—Sí. Hay una relación oculta entre el soñar y el tiempo, que se contradicen, se excluyen y, en casos extremos, se anulan. Se trata de un fenómeno muy raro. Yo nunca lo había tenido en consulta. Existen muy pocos estudios sobre él, pero se ha dado. Y todavía no hay explicación. Ni siquiera una teoría firme. [70]

—¿Entonces? —por primera vez, la voz del otro se hizo angustiosa, casi suplicante.

El siquiatra ensayó una sonrisa de disculpa°.

—Yo no puedo ayudarle. Ni creo que nadie.

Glosses (right margin):
- I stop
- **reloj...** wrist watch
- **en...** as soon as
- **se...** they stop cold / funny thing
- **no...** there's nothing wrong with them
- high school
- **tiene...** it has something to do with it
- sadly
- apology

EJERCICIOS

I. Sustituciones

Haga las sustituciones necesarias en cada frase. Utilice todo lo que pueda de la frase anterior, cambiando los verbos a sus formas adecuadas.

1. No me pasa nada.
2. _____ (ocurrir) _____
3. _____ (preocupar) _____
4. Antes _____
5. _____ nos _____
6. _____ (ocurrir) _____
7. Ojalá que _____

8. Dudo que _____
9. Es mejor que _____
10. Era imposible que _____
11. _____ (faltar) _____
12. Estoy contento _____

II. Sustituciones

Sustituya cada una de las cifras en las frases siguientes por las palabras adecuadas y haga todos los otros cambios necesarios. (Este ejercicio ayudará a aprender las cifras en español.)

1. En un año sólo se tienen dos sueños.
2. En 50 años _____ 500 sueños.
3. En 1000 años _____ 100 sueños.
4. En el año 1592 _____ 1000 sueños.
5. En el año 1775 _____ 900 sueños.
6. En el año 2075 _____ 700 sueños.

III. Traducciones

Traduzca las frases siguientes al español, utilizando los modismos o palabras siguientes.

todo cuanto, pasados los treinta, en cuanto, tener algo que ver, enterarse, a fin de cuentas

1. After thirty one doesn't usually dream so much.
2. I've done everything I could in order to dream.
3. As soon as I put on a watch, it stops.
4. What do dreams have to do with time?
5. All in all, I guess I'm lucky.
6. When the doctor found out about his sickness, he said that nothing could be done.

IV. Preguntas

1. ¿En qué fecha ocurre la escena del cuento?
2. ¿Cuál es el escenario?
3. ¿Cuál es la dolencia del enfermo?
4. ¿Por qué se queja de su dolencia?
5. ¿Cuántos años tiene el enfermo?
6. ¿Cuál ha sido la actitud del médico mientras hablaba el enfermo?

7. Por fin, ¿cuál era la pregunta que le hizo al enfermo el siquiatra?
8. ¿Cómo le contestó el enfermo?
9. ¿Qué es lo que nos cuenta además acerca de su estado de
   salud?
10. Según el siquiatra, ¿cuál es la relación entre el soñar y el
    tiempo?

V. Temas para conversación o para ensayos escritos

1. ¿Cree usted que el soñar ayuda de alguna manera al bienestar
   físico de la persona? Explique. Utilice datos personales si es
   que usted los recuerda.
2. ¿Cómo interpreta usted este cuento? Por ejemplo, el paciente
   puede ser un robot (que con su metal paraliza los relojes no
   antimagnéticos); un ser extraterrestre, con los mismos efectos;
   o todo fue soñado por el doctor. ¿Qué solución prefiere? ¿Está
   de acuerdo con la solución sugerida por el autor? ¿Se le ocurre
   otra solución?
3. ¿Cuáles son las conclusiones que usted saca de este cuento
   acerca de la relación entre el hecho de soñar y el tránsito del
   tiempo? Por ejemplo, ¿pueden ser los sueños una especie de
   "digestión interna" del tiempo? ¿una manera de reorganizar el
   tiempo? ¿una manera de conservar el tiempo?
4. ¿Cómo calificaría usted la naturaleza del tiempo según este
   cuento —objetiva o subjetiva? Explique.

¿QUÉ ES EL TIEMPO?

(—¿Te arrepientes?
—¿De qué?
—De haber venido.
—Aunque me arrepintiera, ¿serviría de algo? No hay nada
más absurdo que arrepentirse. Y, sin embargo, no hacemos otra   5
cosa. ¿Cómo es posible que algo tan inútil nos obsesione de
esta forma? Yo me arrepiento de todo, de lo que me ha salido
mal, de lo que me ha salido bien, de lo que he hecho, de lo que
no he hecho incluso°, de todo. Di°, ¿sirve de algo arrepentirse?   even / Tell me
—Puede.   10
—¿Quieres decir como desahogo°?   relief
—No me has dicho todavía si te has arrepentido de venir.

—¿Por qué preguntas algo que ya sabes? No, no me arrepiento. Tal vez me arrepienta un día, ya te he dicho que me
arrepiento de todo. Pero hoy no me arrepiento. Pero ¿qué esta-
bas insinuando? ¿Es que hay posibilidad de rehacer lo vivido,
de retornar un momento del pasado, de volver a él, de empezar
otra vez desde un determinado punto? ¡Por favor! ¿Cómo
puedes estar ahí tan tranquilo sabiéndolo?

—No te excites. Es sólo una teoría. ¿Recuerdas lo que te dije
del tiempo? Vivimos metidos en el tiempo, montados en él como
en una banda transportadora° que marcha a trescientos mil
kilómetros por segundo, una velocidad que hasta ahora parecía
insuperable. Los antiguos la llamaban velocidad límite°. En
efecto, para su tecnología era una velocidad límite. Pero nosotros hemos alcanzado ya el noventa y nueve con novecientos
noventa y nueve por ciento de ella, y podemos acelerar aún
más. ¿Qué pasará si la sobrepasamos? Todo depende de la
naturaleza exacta del tiempo, de su estructura, aún no estudiada
por completo, pues ¿cómo va a estudiarse aquello que nos
rodea por todas partes? O tal vez sea que nos da miedo explorar
esa especie de gran claustro materno° que para nosotros es el
tiempo. Pero no nos queda otro remedio, tarde o temprano
tendremos que hacerlo, tendremos que salir, abandonarlo. Las
posibilidades aparentes son dos: si el tiempo es curvo, circular,
como todo, le adelantaremos° como un corredor adelanta a sus
competidores rezagados° en la pista° de un estadio, y de esta
forma habremos entrado directamente en el pasado desde el
principio del tiempo. Pero como vamos a mayor velocidad que
él, podremos detenernos más adelante, en el momento deseado, para recuperar el ritmo normal y volverlo a vivir. Es la
base de todas las «máquinas del tiempo» que se han construido
hasta ahora, sin que ninguna haya funcionado más que en
teoría, pues faltaba un acelerador con suficiente potencia. Pero
aún hay otra posibilidad: que la aceleración nos haga salir de la
banda de nuestra dimensión, que al sobrepasarse el tiempo se
sobrepase también la fuerza coherente° de la gravedad primaria
y salgamos despedidos, como sale una piedra de la honda°,
hacia otro tiempo, hacia otra dimensión, hacia otro universo.

—Sería ideal.

—¿Qué? ¿Ir a otro universo?

—No, no, lo primero. Poder volver atrás. Poder sacar a cada
instante el máximo, corregirlo, refinarlo, perfeccionarlo, sabiendo ya que es el momento cumbre de nuestra vida. Desde
hace años no hago más que pensar en ello, me obsesiona. No
sé cómo tú puedes estar tan tranquilo sabiendo que es posible,

que hay una posibilidad. Yo estaría todo el día en el laboratorio
para ser la primera que lo probase.

—¿Estás segura de que sería un bien?

—¿Tú no?

—No sé. ¿Te imaginas ese contínuo hacer y deshacer, ese
obsesionante volver atrás? Al final, no miraríamos el futuro, sino
el pasado. Concentraríamos nuestros esfuerzos en los sentimientos anteriores, en gozar de° un determinado momento, en
pulirlo°, en perfeccionarlo, como dices. Aunque quién sabe si al
repetirlo no perderíamos el interés, la ilusión en él. Además,
¿qué ocurriría si las distintas personas que interviniesen en un
determinado acto trataran de corregirlo cada una según sus
deseos? Pues no es posible que todas estuviesen de acuerdo
en reformarlo de la misma forma. ¿Y a quién pertenecería cada
acto? No; sería el caos. El caos y el inmovilismo. La menor
tragedia que podría ocurrirnos sería quedarnos parados°.

—Tal vez tengas razón, pero ¿sabes por qué me gustaría
ahora volver al ayer?

—Contigo nunca puede adivinarse°.

—Dí que nunca te atreves. Pero voy a decírtelo. No tiembles°.
Me gustaría volver atrás para no desaprovechar° los años que he
pasado, superficial, absurdamente. Siento otra vez ese terrible
vacío de haber desaprovechado el tiempo, de haber pasado
sobre él, o él sobre mí, inútilmente, sin haberme dado cuenta de
lo que en realidad significaba, las posibilidades que tenía, la
potencialidad que encerraba, que sólo soy capaz de descubrir
cuando ha pasado. No me lo perdonaré nunca. Me amargará°
siempre, haga lo que haga. ¿Comprendes por qué quisiera
volver a empezar?

—Conoces muy poco del tiempo. El tiempo, como la materia,
es poroso, enormemente poroso, más poroso incluso que la
luz, que los átomos, que la energía, lo más poroso de cuanto°
existe. Y, como todo, puede condensarse o estirarse°, usarse a
ritmo espaciado o en toda intensidad, desintegrarse o precipitarse hacia el núcleo, hacerse más intenso, ganar gravedad
como un átomo gana electrones, y en un segundo pueden caber
horas, días, años. Nosotros, yo al menos, en este corto espacio,
seis días, he vivido más que otros, que yo mismo, en toda mi
vida. Cuando conozcamos mejor la estructura exacta del
tiempo, tal vez podamos reducir una vida a un solo segundo,
como es ya posible reducir un planeta a un átomo.

—Yo ya tengo elegido mi segundo.

—¿Cuál?

—Éste.)

60

65

70

75

80

85

90

95

100

en... in our enjoyment of
polishing it

quedarnos... to be stopped
cold

guess

tremble

waste

embitter

everything

stretch

I. Verbos

Utilice uno de los siguientes verbos en las frases, escogiendo la forma adecuada.

arrepentirse, excitarse, detenerse, sobrepasar, pasar, probar, volver atrás, adivinar, servir

1. ¡Quédate quieto, no _____!
2. El autor no cree que los hombres de su período _____ la velocidad límite.
3. Él teme que ellos _____ antes de llegar a este punto.
4. No entiendo qué me _____.
5. ¿Usted _____ de lo que no ha hecho?
6. Apuesto que tú no _____ el momento que he escogido.
7. ¿De qué _____ arrepentirse?
8. Mañana nosotros _____ la máquina del tiempo.
9. Señores, ¡_____! No se permite entrar.

II. Verbos

Escoja la forma correcta del verbo.

Si el tiempo es curvo, nosotros le (adelantar) y (entrar) en el pasado desde el principio del tiempo. Y (moverse-*gerundio*) a mayor velocidad que él, llega a ser posible que (detenerse) en el momento deseado para recuperar el ritmo normal y volverlo a vivir. Eso es la base de todas las máquinas del tiempo que (construirse) hasta ahora. La otra posibilidad es que la aceleración nos (empujar) más allá de la banda de nuestra dimensión.

III. Preguntas

1. ¿Cuándo parece ocurrir la acción de este capítulo? ¿Cómo lo sabemos?
2. ¿Qué sabemos acerca de la identidad de los personajes?
3. ¿Cuáles son las posibilidades con respecto a la naturaleza del tiempo?
4. ¿Cuál de estas posibilidades atrae más a un personaje y por qué?

5. ¿Cuáles son algunas de las dificultades con respecto a esa posibilidad, como señala el otro personaje?
6. ¿Cómo pinta este personaje la cualidad del tiempo que hace posible usarlo a distintos ritmos?

IV. Temas para conversación o para ensayos escritos

1. ¿Cuál de las posibilidades mencionadas en 3, arriba, le parece a usted más tentadora?
2. Si usted pudiera retornar a cualquier momento histórico, ¿cuál escogería? ¿Por qué?
3. ¿Qué le apetece más: vivir un momento histórico con la seguridad de conocer lo que va a pasar o adelantar el paso del tiempo hasta pararse en la aventura del futuro?
4. ¿Cree usted que el autor ha descrito el tiempo en dos maneras contradictorias; (1) el tiempo como materia que podemos traspasar, entrando en otro universo más allá del tiempo y (2) el tiempo como algo subjetivo y elástico que podemos estirar, usándolo a un ritmo espaciado o en toda intensidad?
5. ¿Puede usted ilustrar la teoría del autor acerca de la naturaleza del tiempo por medio de un dibujo acompañado de comentarios escritos?

DON JUAN MANUEL

Nobleman, warrior, politician, Don Juan Manuel was celebrated in his time as a counselor and friend of the Spanish kings and princes. He is remembered today mainly as one of the best prose writers of his day and the founder of the modern Spanish short story. He plays much the same role in Spanish literature as Boccaccio plays in Italian literature, although Don Juan Manuel is clearly more didactic and avoids erotic subjects. The main theme of his short stories, published under the title Libro de los enxemplos del Conde Lucanor et de Patronio, *is wisdom, and how to acquire it through experience and common sense.*

Don Juan Manuel wrote these tales in the first half of the fourteenth century. Born in Castile in 1282, he died around 1348; his book of short stories was finished in 1335. At that time, the influence of Oriental literatures was strong in Castile: many of these tales have Arabic or Persian sources. The tale we include here was probably written in order to teach its readers a moral lesson: one should keep one's word, one should not lie or make empty promises. Yet it is the strange, mysterious situation described in the tale that interests us today, together with the "metaphysical shiver" created by the sudden surprise ending and its trip through time, as the magician seems to make use of an invisible time machine in order to confound his ungenerous pupil.

EL BRUJO° POSTERGADO°

wizard / scorned

dean (ecclesiastical)
magic, black magic

went straight to
secluded
postpone

explained

guessed

favor

En Santiago había un deán° que tenía gran deseo de saber el arte de la nigromancia°. Oyó decir que don Illán de Toledo la sabía más que ninguno, y fue a Toledo a buscarlo.

El día que llegó a Toledo enderezó° a la casa de don Illán y
5 lo encontró leyendo en una cámara muy apartada°. Este lo recibió con bondad; le dijo que postergara° el motivo de su visita hasta después de almorzar. Le señaló un alojamiento muy fresco y le dijo que le alegraba mucho su venida. Después de almorzar, el deán le refirió° la razón de aquella visita y le rogó
10 que le enseñara la ciencia mágica. Don Illán le dijo que adivinaba° que era deán, hombre de buena posición y buen porvenir, y que temía ser olvidado luego por él. El deán le prometió y aseguró que nunca olvidaría aquella merced° y que estaría

siempre a sus órdenes°. Ya arreglado el asunto, explicó don
Illán que las artes mágicas no podían aprenderse sino en lugar 15
apartado, y tomándolo por la mano, le llevó a una pieza contigua
en cuyo piso había una gran argolla de hierro°. Antes le dijo a
una sirvienta que trajese perdices° para la cena, pero que no las
pusiera a asar° hasta que lo mandara. Levantaron la argolla
entre los dos y descendieron por una escalera de piedra bien 20
labrada°, hasta que al deán le pareció que habían bajado tanto
que el lecho° del Tajo° estaba sobre ellos. Al pie de la escalera
había una celda y luego una biblioteca. Revisaron los libros y en
esto estaban cuando entraron dos hombres, con una carta para
el deán, escrita por el obispo°, su tío, en la que le hacía saber 25
que estaba muy enfermo y que si quería encontrarlo vivo no
demorase°. Al deán le contrariaron° mucho estas nuevas, lo uno
por la dolencia° de su tío, lo otro, por tener que interrumpir los
estudios. Optó por escribir una disculpa° y la mandó al obispo.
A los tres días llegaron unos hombres de luto° con otras cartas 30
para el deán, en las que se leía que el obispo había fallecido°,
que estaban eligiendo sucesor, y que esperaban por la gracia
de Dios que le eligieran a él. Decían también que no se moles-
tara en venir, puesto que parecía mucho mejor que le eligieran
en su ausencia. 35

A los diez días vinieron dos escuderos° muy bien vestidos,
que se arrojaron° a sus pies y besaron sus manos y lo saludaron°
obispo. Cuando don Illán vio estas cosas, se dirigió° con mucha
alegría al nuevo prelado y le dijo que agradecía al Señor que tan
buenas nuevas llegaran a su casa. Luego le pidió el decanazgo° 40
vacante para uno de sus hijos. El obispo le hizo saber que había
reservado el decanazgo para su propio hermano, pero que
había determinado favorecerle y que partiesen juntos para Santiago. Fueron para Santiago los tres, donde les recibieron con
honores. A los seis meses, el obispo recibió mandaderos° del 45
Papa°, que le ofrecía el arzobispado de Tolosa°, dejando en sus
manos el nombramiento de sucesor. Cuando don Illán supo
esto, le recordó la antigua promesa y le pidió ese título para su
hijo. El arzobispo le hizo saber que había reservado el obispado
para su propio tío, hermano de su padre, pero que había deter- 50
minado favorecerle y que partiesen juntos para Tolosa. Don
Illán tuvo que asentir.

Fueron para Tolosa los tres, donde los recibieron con
honores y misas°. A los dos años, el arzobispo recibió manda-
deros del Papa, que le ofrecía el capelo° de cardenal, dejando 55
en sus manos el nombramiento de sucesor. Cuando don Illán
supo esto, le recordó la antigua promesa y le pidió ese título

a... at his disposal

argolla... iron ring
partridges
roast

polished
bed / Tagus river
They examined

bishop

delay / upset
illness
excuse
de... in mourning
died

servants, squires
threw themselves / greeted
addressed (**se dirigió a**)

dean's position

messengers
Pope / Toulouse

masses
hat (of a cardinal)

para su hijo. El cardenal le hizo saber que había reservado el arzobispado para su propio tío, hermano de su madre, pero que
60 había determinado favorecerle y que partiesen juntos para Roma. Don Illán tuvo que asentir. Fueron para Roma los tres, donde les recibieron con honores y misas y procesiones. A los cuatro años murió el Papa, y el cardenal fue elegido para el papado por todos los demás. Cuando don Illán supo esto, besó
65 los pies de Su Santidad, le recordó la antigua promesa y le pidió el cardenalato para su hijo. El Papa le amenazó con la cárcel°, diciéndole que bien sabía él que no era más que un brujo, y que en Toledo había sido profesor de artes mágicas. El miserable°.don Illán dijo que iba a volver a España y le pidió
70 algo para comer durante el camino. El Papa no accedió. Entonces don Illán dijo con una voz sin temblor:

—Pues tendré que comerme las perdices que para esta noche encargué.

La sirvienta se presentó y don Illán le dijo que las asara. A
75 estas palabras, el Papa volvió a hallarse en la celda subterránea, solamente deán de Santiago, y tan avergonzado° de su ingratitud que no atinaba° a disculparse°. Don Illán dijo que bastaba con esa prueba, le negó su parte de las perdices y le acompañó hasta la calle, donde le deseó feliz viaje, y le despi-
80 dió° con gran cortesía.

(margin glosses)
jail

unfortunate

ashamed

manage / apologize

took leave of

EJERCICIOS

I. Verbos

Sin mirar el texto, dé la forma correcta de los verbos indicados. Después compare sus resultados con el texto del cuento.

En Santiago (haber) un deán que (tener) gran deseo de (saber) el arte de la nigromancia. (Oir decir) que don Illán de Toledo la (saber) más que ninguno y (ir) a Toledo a (buscarlo).

Don Illán lo (recibir) con bondad; le (decir) que (postergar) el motivo de su visita hasta después de (almorzar). Después de (almorzar), el deán le (referir) la razón de su visita y le (rogar) que le (enseñar) la ciencia mágica. Los dos (revisar) los libros y en esto (estar) cuando (entrar) dos hombres, con una carta para el deán. El deán (optar) por (escribir) una disculpa y la (mandar) al obispo. A los tres días (llegar) unos hombres de luto con otras cartas, en las que (leerse) que el obispo (haber fallecido). Las cartas (decir) también que no (molestarse) en (venir), puesto que (parecer) mucho mejor que le (elegir) en su ausencia.

II. Construcciones típicas del cuento

Traduzca dos veces la frase inglesa al español, empleando primero las frases y verbos siguientes y luego las construcciones del texto que son sinónimos de ellas.

después de, aplazar, explicar, examinar, aprender, pedir.

EJEMPLO: He told him **to postpone** the explanation of his visit until after lunch.
Le dijo que **aplazara** el motivo de su visita hasta después de almorzar.
Le dijo que **postergara** el motivo de su visita hasta después de almorzar.

1. **Within three days** the archbishop received messengers from the Pope.
2. The dean **explained** to him the reason for his visit.
3. The two men **were looking at** the books of the library.
4. When Don Illán **learned** the truth, he refused the dean his share of the partridges.
5. He **asked** him to teach him the science of magic.

III. ¡Ojo!

El arte; **las** artes mágicas. Explique la razón.

IV. Preguntas

1. ¿Por qué fue el deán de Santiago a Toledo?
2. ¿Quién tenía fama en Toledo de saber mucho del arte de la nigromancia?
3. ¿Cómo recibió don Illán al deán de Santiago?
4. ¿Le alegraba o le molestaba la visita?
5. ¿Qué es lo que le prometió el deán de Santiago?
6. Según don Illán, ¿dónde se debe enseñar las artes mágicas?
7. ¿Hasta dónde descendieron los dos para empezar la lección de nigromancia?
8. De repente, ¿qué es lo que recibió el deán?
9. Según las noticias que recibió, ¿qué tenía que hacer el deán?
10. ¿Por qué optó por mandar disculpas en vez de acudir a su tío?

EL BRUJO POSTERGADO   **35**

11. Al llegar a ser obispo, ¿por qué no cumplió su promesa a don Illán?
12. ¿Cuántas veces se repitió la misma historia?
13. Por fin, ¿qué es lo que llegó a ser el deán?
14. ¿Cómo premió a don Illán sus lecciones de nigromancia?
15. ¿Qué es lo que le pasó al final del cuento?

V. Temas para conversación o ensayos escritos

1. ¿Cómo vemos por primera vez que don Illán sabe mucho de las artes mágicas?
2. ¿Qué significa la bajada de los dos hombres a un lugar subterráneo?
3. ¿Cómo explica usted las ocurrencias en la celda subterránea? ¿Eran verdaderas o pasaron sólo en la imaginación del nuevo alumno?
4. Si fueron verdaderas, ¿qué implica esto acerca de los poderes mágicos de don Illán?
5. ¿Cuáles son algunas de las conclusiones que podemos sacar de este cuento acerca de la naturaleza del tiempo?
6. ¿Hay moraleja en este cuento? Explique su respuesta.
7. ¿Cree usted que el cuento es típico del mundo medieval o más bien de nuestra época? Puede usted indentificar los elementos que tienen mayor interés para cada una de las dos épocas?
8. ¿Cree usted que la magia existe? Si no, ¿cómo explica usted algunos fenómenos insólitos ("unusual")?

ENRIQUE ANDERSON IMBERT

When is a literary critic much more than merely a person who comments on other people's works? When the critic is a man like Enrique Anderson Imbert. For long years he pored over the wealth of world literature, at the same time sharpening his creative tools and becoming a full-fledged writer—the author of important novels like Vigilia *(1934) and* Fuga *(1953) and of some of the best modern short stories written in Spanish. Born in Argentina in 1910, Anderson Imbert has lived for many years in the United States. He teaches Latin American literature at Harvard University. His well-deserved prestige as a critic and a teacher, however, may be less important in the long run than his creative talent in the field of short-story writing. His tales are unusually rich in strange situations, absurd yet logical. For him the laws of logic and science still shape the world but are like a web—and one can always wriggle through one of the many holes in this web. In his "Los cantares de antaño son los de hogaño," we navigate back and forth on the river of time: the present becomes retroactive; it manages to affect the past, and in turn, the past is bound to bounce back (forward?) into the present. In "El fantasma" we start with a crisis: death. Yet what should become a drama turns into an anticlimax, one in which man's tenderness and love continue to move the hero through an atmosphere made thinner, less colorful, more anguishing, because the very existence of death becomes part of the hero's daily life. In both stories, the writer manages to introduce surprise and suspense with a minimum of effort—a sure hallmark of a master in the field of imaginative literature.*

LOS CANTARES DE ANTAÑO° SON LOS DE HOGAÑO°

yesteryear

today, this year

Luis de Tejeda (1603–1680) dejó borradores° manuscritos; también hay copias tardías de fidelidad dudosa. Pocos de sus versos fueron felices. No bastan para darle bulto° pero fue el primer poeta estimable que apareció en lo que hoy es Argentina. Casi todo lo que conservamos pertenece al último período de su vida, cuando se recoge en el claustro dominicano y, arrepentido de su conducta tormentosa, entreteje° versos autobiográficos

rough drafts

darle... enhance him

5

mixes

—"Romance sobre su vida"—, versos sagrados y, de menos importancia, prosas explicativas... Su estilo es generalmente barroco, en vocabulario, sintaxis y juegos de conceptos. En libros españoles había aprendido a ser afectado. Góngora[1] fue una de sus muchas lecturas y gongorizó° ocasionalmente en la superficie de la lengua.

E. Anderson Imbert, *Historia de la literatura hispanoamericana*, I (México, 1962), 110.

Andrés Bent Miró, profesor en la Universidad de Córdoba, hacía lo que todos los filólogos: al leer un texto antiguo actualizaba el pasado en su propia conciencia. En aquel verano de 1964, sin embargo, se le dio vuelta la tortilla°: no fue el pasado lo que vino a revivir en él sino Andrés Bent Miró quien, de un salto, se fue a vivir en el pasado.

Mientras revisaba códices° en la sala del Monasterio descubrió, entre las páginas de un *De Contemptu Mundi*°, un papel manuscrito. Se sentó frente a una mesa y lo leyó: era un madrigal dedicado a "Lucinda". Al pie, la firma°: Luis de Tejeda. Estupendo hallazgo°: no figuraba en ninguna de las ediciones de Tejeda, no lo mencionaba ninguna bibliografía.

No bien hubo estudiado sus agudezas° oyó que alguien le hablaba. Levantó la vista (al hacerlo el papel se le cayó de las manos) y vio a su lado a un viejo de ojos negros y hábito° blanco. El viejo se presentó° como Luis de Tejeda.

Andrés Bent Miró le explicó que estaba leyendo un madrigal de él, de Tejeda, cuando de pronto algo lo transportó tres siglos atrás.

Tejeda contestó que ese mismo Algo debía de ser el que tan aprisa lo había atraído a él a esa sala, que se sentía honrado por tal visita del futuro y que le agradaría saber de qué madrigal se trataba.

Andrés Bent Miró, para darle el gusto y leérselo, alzó de la mesa el papel que se le había caído de las manos, pero ahora el papel estaba en blanco. Entonces le recitó de memoria el madrigal a "Lucinda."

Que jamás lo había escrito, negó° Tejeda, ni tampoco lo escribiría porque —y señaló sus canas°, su hábito— era tarde y ya no estaba ni en edad ni en situación de madrigales. Sugirió

Margin glosses:

he imitated Góngora

se... his world became topsy-turvy

manuscripts
De... *How to Despise This World* (Latin)

Al... At the end, the signature

finding

No... As soon as he read these witty remarks

monk's garb

introduced himself

denied

gray hairs

[1] Góngora: Luis de Góngora y Argote (1561–1627), famous Spanish poet, author of *Polifemo*, *Soledades*, and others.

que la próxima vez que lo visitase saltando sobre los siglos pro-
curara caer en el año en que todavía era mozo°. Quizá para · young, adolescent
entonces, agregó°, le habría escrito el famoso e inexistente · added
madrigal a "Lucinda."

—¡No puede ser! —exclamó Andrés Bent Miró, mareado° por · upset
los verbos—. ¡Si yo, hace un ratito no más, tuve su madrigal en
mis propias manos y lo leí con mis propios ojos! Firmado de su
puño y letra°. ¡Usted tiene que haberlo escrito! ¿Cuándo? Ya no · **su...** your own handwriting
sé. Me estoy trastornando°... · **Me...** I am becoming confused

—Despacio, despacio. No os alteréis° —dijo Tejeda—. La · **No...** Do not get excited
cosa tiene arreglo. Al veros° creí que los años por delante eran · **Al...** As I saw you
para mí un futuro y para vos° un pasado; mas° ahora comprendo · for you / but
que todo esto está acaeciendo fuera del tiempo humano, en un
tiempo de Dios en que no hay ni futuro ni pasado sino una
presente eternidad. Por favor, dictadme el madrigal: lo habré
transcrito antes de que regreséis a vuestro siglo para que así
luego fuere° posible que lo hayáis encontrado. · **luego...** later it may become

Mientras Tejeda entinta° la pluma Andrés Bent Miró siente un · dips his pen into ink
vértigo°. · **siente...** becomes dizzy

Vértigo de verbos y adverbios enloquecidos° al perder sus · gone mad
tiempos. Aquel madrigal que él leyera en el siglo XX fue éste
que Tejeda no escribió todavía pero escribiría de un momento
a otro, en el siglo XVII; y si Tejeda lo ha de escribir hoy es por-
que Andrés Bent Miró se lo está aún por dictar°; y si se lo puede · **se...** is still about to dictate
dictar es porque lo había descubierto tres siglos después · it to him
gracias a que tres siglos antes Tejeda trazara letras en el mismo
papel al que un viento de tres siglos ha limpiado de letras.

Mientras Andrés Bent Miró dicta el madrigal Tejeda lo
traslada.

Vértigo. Vértigo de sol y luna jugando a sucesivos eclipses
que el astrónomo recuerda y prevé. Vértigo de perro que gira
sobre sí° para morderse la cola, como un Cancerbero° del · **gira...** turns on himself /
Tiempo con su triple ladrido°: Pasado, Presente, Porvenir. · Cerberus
Vértigo de imágenes que se persiguen simultánea y continua- · bark
mente, siempre repetidas, siempre en movimiento, como si un
fantasma se hubiera colocado° entre dos espejos enfrentados y, · **se...** had placed himself
a pesar de ser un fantasma invisible, obligara a los espejos a
reflejar su figura pero copiándose uno de otro.

En medio del vértigo Andrés Bent Miró saltó a su 1964. Se
encontró otra vez en el Monasterio, se encontró otra vez con el
papel manuscrito en la mano. Lo releyó. Notó que Tejeda, al
copiar, había deslizado una enmienda°: en lugar de "Lucinda" · **deslizado...** slipped a change
ahora se leía "Anarda." · into the text

EJERCICIOS

I. Expresiones acerca del tiempo

Haga los cambios que sean necesarios en cada frase. Acuérdese de que el empleo del pretérito quiere decir "ago" en estas frases y que el empleo del presente o imperfecto en la cláusula que empieza con **que** se refiere a la duración del tiempo. Después de formar las frases, tradúzcalas.

EJEMPLO: **Hace un rato que tuve** su madrigal en mis propias manos.
A while ago I had his madrigal in my own hands.

Hace un rato que yo tengo su madrigal en mis propias manos.
For a while I have had his madrigal in my own hands.

Hace mucho que tengo su libro en mis propias manos.
_____ (pret.) _____
_____ nosotros (pret.) _____
Hacía _____ (imperf.) _____
Hacía dos meses _____ ellos (imperf.) _____
_____ tú (imperf.) _____
Hace un rato _____ ellos (pret.) _____
_____ él (pres.) _____
_____ usted (pret.) _____

II. *Por* y *Para*

Escoja la palabra correcta (**por** o **para**) y traduzca las frases.

1. _____ entonces ya habría escrito el famoso madrigal.
2. Los años _____ delante eran _____ mí un futuro.
3. Si lo ha de escribir hoy es porque Andrés se lo está aún _____ dictar.
4. Este manuscrito no fue escrito _____ Tejeda.
5. _____ mucho que diga usted, no voy a creer que todo eso sea posible.
6. El viejo estaba caminando _____ las calles de Córdoba.
7. Me dio dos minutos _____ terminarlo.
8. Es posible que me den mil pesos _____ este libro.

III. Los verbos *tener, deber* y *haber*

Utilice los verbos **tener, deber** o **haber** en sus formas adecuadas.

1. Dictadme el madrigal. Yo lo _____ transcrito antes de que regreséis a vuestro siglo.
2. Si Tejeda _____ de escribirlo, es porque yo lo _____ descubierto tres siglos después.
3. Le dije, "Usted _____ que haberlo escrito; usted _____ de haberlo escrito porque si no, ¿cómo lo _____ encontrado yo tres siglos después?"
4. Tejeda trabajaba mucho para completar el poema. Él _____ pocos segundos para hacerlo. El trabajo _____ de _____ sido difícil.

IV. Preguntas

1. ¿Quién era Luis de Tejeda?
2. ¿A qué período literario pertenece?
3. ¿Qué cosa insólita le ocurrió a Andrés Bent Miró en el verano de 1964?
4. ¿Dónde estaba en ese momento?
5. ¿Por qué juzgó que el manuscrito era un hallazgo estupendo?
6. ¿Cómo era Tejeda?
7. ¿Cómo se explican su encuentro Andrés Bent Miró y Luis de Tejeda?
8. ¿Qué le había pasado al papel donde estaba escrito el madrigal a Lucinda?
9. Al principio, ¿como explicó Tejeda que no había escrito el poema y que nunca lo escribiría?
10. ¿Por qué no podía aceptar su explicación Andrés Bent Miró?
11. ¿Cuál es la naturaleza del tiempo en que ocurre este entrevista, según Tejeda?
12. Al leerse el poema al final, ¿cómo había cambiado?

V. Temas para conversación y para ensayos escritos

1. ¿Hay una manera lógica o psicológica de explicar este cuento? Trate de encontrarla.
2. En este cuento parece haber una "máquina de tiempo" invisible. Explique.
3. ¿Puede usted explicar lo que pasa en este cuento, refiriéndose a las posibilidades mencionadas en el segundo capítulo de Carrascal que usted ha leído?

3   Los Fantasmas

¿Por qué está tan extendida la creencia en los fantasmas, hasta el punto de que es imposible encontrar una sola cultura tradicional en que esta creencia esté ausente? Incluso en nuestro mundo materialista moderno abundan las casas encantadas y la televisión nos ofrece numerosos programas en que los fantasmas desempeñan un papel principal. Para los pueblos primitivos los espíritus —los fantasmas— de los antepasados deben ser honrados y apaciguados°: fórmulas mágicas, sacrificios, ritos, atención constante, todo ello para evitar que estos espíritus se enojen y tomen venganza.

pacified, appeased

La creencia en los fantasmas, en sus distintas formas, se relaciona siempre con nuestra creencia en otra vida, en la vida del más allá. El fantasma puede ser un alma en pena, en el purgatorio, un alma que desea vengarse o un alma en pena que debemos liberar antes de que pueda alcanzar el reposo eterno que todos deseamos. Entre los antiguos griegos, romanos o celtas, la vida fantasmal era la única vida después de la muerte: existencia nocturna y pálida, cuyo máximo placer parecía ser el aterrorizar a los seres vivos.

De los tres textos en esta sección, únicamente el último es un típico cuento de terror y fantasmas, y se desarrolla en el México moderno. En su rica complejidad introduce los temas del fantasma como reencarnación y también como extraña manifestación de las brujas: ambos temas quedan fundidos en uno solo. El cuento central —otro relato del prolífico Anderson Imbert— ofrece la singularidad de ser relatado por un fantasma solitario y desolado. Pero el texto más sorprendente es quizá el primero de la serie: no es invención sino relato de hechos que verdaderamente han sucedido. El autor, José María Gironella, trata de exorcizar los fantasmas que las drogas han introducido en su mente y al hacerlo, relata sus experiencias con la subjetividad del tiempo, el desdoblamiento de la personalidad, la reencarnación, la clarividencia: temas que otros en este libro tratan como ficción, pero que son parte de nuestra "otra" vida cotidiana. Es un relato auténtico, una "confesión" tan terrible y misteriosa como las mejores ficciones.

◀ Lizarraga, dibujo sin título. Used by permission of the artist.

JOSÉ MARÍA GIRONELLA

Like his countryman Carrascal, José María Gironella is one of the few Spaniards attracted to the field of science fiction and one who has also been awarded the coveted premio Nadal. But unlike Carrascal, whose approach is that of the impartial observer, Gironella's naturally religious orientation is reinforced by personal experiences of a mental illness that altered his normal patterns of thought. This experience, both harrowing and inspirational, is documented in his autobiographical work Los fantasmas de mi cerebro *(published in 1969), from which we have chosen a brief section.* Los fantasmas de mi cerebro *does not of course deal with ghosts in the sense of dead spirits. Yet the phenomena that Gironella describes may well be attributed to* fantasmas *in the sense of spirits that possess his brain, just as evil spirits or ghosts are said to possess our souls. The selection is also appropriate here in that it bridges the gap between our intuitions of time and those of the material world. Gironella shows that an altered state of consciousness, as well as a dream, can produce a new insight into such elusive phenomena as monsters, doubles, rebirth, and the time and space around us. It is for these reasons, important to the psychologist as well as the student of literature, that we have chosen to include here this nonfiction piece rather than any of the equally fascinating short stories by the same author.*

A few facts about Gironella's life may help to explain some of the allusions in the excerpt. Born in Gerona in 1917, he studied for the priesthood and has been a bank messenger, a librarian, a soldier, and a poet. He is perhaps best known for his major novel, a trilogy about the Spanish Civil War that begins with his famous Los cipreses creen en Dios. *His style is usually simple and direct and, in the fashion of O. Henry, his short stories often have surprise endings.*

LOS FANTASMAS DE MI CEREBRO

(The narrative begins as Gironella describes his experiences in the hospital, where he is being treated for severe depression.)

La aplicación de los *electroshock* —me aplicaron ocho en total, espaciadamente— iba a durar poco más de un mes. Ocho viajes a la clínica, ocho veces a orinar, la goma° entre los dientes, la

rubber sponge

descarga°. Mis sensaciones al despertar fueron siempre muy   electric discharge
similares. Respiración fácil, bienestar... Sombras incoloras y 5
vértigo. Dificultad para reconocer las materias al tacto. Emer-
gencia de una sima° profunda, con la sospecha de no ser sino el   abyss
resultado de una vida anterior vivida bajo otra forma. Creencia
de encontrarme en Alemania.

Al recobrar la conciencia, las sensaciones variaron un poco 10
más, enriqueciéndose. La invasión del odio se repitió, pero no
ya con respecto al médico; un odio inconcreto, contra no sabía
quién. Gratitud por mi mujer ¡y fuerzas para abrazarla! Por un
lado, asombro ante la proximidad de los objetos; por otro, flo-
tación de éstos en un mundo espectral. Intuición de que una 15
substancia única lo integraba todo° y sospecha de que me bas-   lo... made up everything
taría con un ligero esfuerzo para penetrar en esa substancia.
Progresiva pérdida de memoria. Sí, sobre todo la amnesia, a
partir del cuarto *electroshock,* aumentó de tal forma que durante
mucho rato perdía por completo mi identidad. No sabía quién 20
era yo, ni qué significaba en la creación. Se lo preguntaba a mi
mujer y ella me repetía mi nombre y me decía dónde estábamos
—en Mallorca— y para qué —para curarme—. Me hablaba de
Gerona[1], de mis libros, de nuestra boda y de cosas que anteriormente me gustaban. Yo lo escuchaba todo como si perteneciera 25
a otra dimensión; hasta que, recobrada la conciencia, volvía la
angustia y me encerraba de nuevo en mi mutismo° catatónico°.   silence / catatonic,
induced by paralysis
Por entonces, ignoraba yo que en aquella clínica abundaban los
campesinos sometidos a idéntico tratamiento que yo, que su-
frían idéntica melancolía.   30

La penosa búsqueda de mí mismo a través de la flojedad°   laxity, laziness
cerebral me hacía recorrer en unos minutos toda la escala de la
evolución de las especies. Primero sentía en el pecho como una
piedra inmóvil; luego, de esta piedra empezaban a brotar° como   grow, sprout
fibras vegetales que se esparcían tentacularmente por mi 35
cuerpo; más tarde, mis extremidades me parecían garras° de   claws
animal; finalmente *sentía* mi cabeza, cabeza humana, pero tan
grande que estaba seguro de que me llegaba al techo°. Y entre-   ceiling
tanto, la *materia* que respiraba era fácilmente asimilable, pero
espesa.   40

A medida que el *electroshock* fue alterando las circunvo-
luciones de mi cerebro —el tratamiento en sí no me repugnaba,
pero sí la pérdida de la conciencia y la goma entre los dientes—
fui penetrando en un mundo de extrañas manifestaciones;
aunque acaso éstas se hubieran producido lo mismo, con la 45
sola enfermedad. Por ejemplo, sensación de ubicuidad°, de   being everywhere

[1] City in Northeastern Spain.

encontrarme en varios sitios a la vez°. Este fenómeno me ocurrió con frecuencia y casi siempre encontrándome en casa. De pronto° me parecía estar en mi sillón y al mismo tiempo como
50 pegado° a la pared de enfrente; o bien, de pie en la ventana y al mismo tiempo sentado fuera, en la escalera o en un lugar extraño, generalmente al lado de mi madre.

También conocí una sensación aproximable a la del desdoblamiento°. Varias veces, de pronto, me parecía que yo era yo
55 pero al mismo tiempo la persona que tenía delante —de preferencia, el médico o el practicante—. Y a veces, yo y al mismo tiempo un artista importante, o algún escritor —de preferencia, Dostoievski—. Sin embargo, tales desdoblamientos no afectaban sino a lo accidental —estatura, lugar de emplazamiento,
60 indumentaria°, etc.— nunca el alma. Sí, yo podía sentir que era simultáneamente dos o tres personas, pero en cualquier caso nutría a esas personas un alma única. Por ejemplo, como médico podía sentir ganas de fumar y como enfermo repugnarme el tabaco; pero médico y yo éramos una sola individualidad y
65 luchábamos para conseguir el mismo fin: vencer el mal que *nos* aquejaba°. El desdoblamiento con personas ausentes era más complejo y podía traer consigo incluso la sensación de conocer su idioma.

Otro aspecto curioso fue la pérdida progresiva de lo que
70 suele llamarse «conciencia de la propia continuidad», es decir, conciencia de que uno *es* hoy la misma persona que *fue* ayer. Mi ser —que tanto sufría— se negaba a admitir que era el mismo ser que años atrás fue optimista, que antes de caer enfermo reía y gozaba°. Me rebelaba contra mi imagen de niño —seminarista,
75 con pantalón corto— y sobre todo contra mi imagen de soldado, disparando contra otros hombres con un fusil. Ahora bien, rechazar° que fuese la continuación del mismo hombre implicaba haber nacido directamente adulto, sin raíz anterior, lo cual me precipitaba en un vacío mental mayor aún.
80 El tiempo... El tiempo y sus sutilezas se convirtieron en mi obsesión. En realidad, la base de la angustia radicaba en él. Si no esperaba nada, el futuro no tenía atractivo ninguno y de hecho° era como si ya hubiese pasado. Cuando mi mujer me miraba, pensaba yo: sí, pero llegará un momento en que dejará
85 de mirarme. Ello bastaba para que lo presente me pareciera ya muerto. Parecido fenómeno me ocurría con respecto al tamaño de las cosas, o a su color. Al ver un edificio delante de mí su mole° no me impresionaba porque yo sabía que, visto desde una determinada altura, el edificio aparecería microscópico y
90 que la tierra entera no era sino un punto inencontrable en el

espacio; en cuanto al mar, *parecía* azul, pero era obvio que si tomaba en mi mano una gota de agua ésta sería blanca. Tampoco me impresionaba la belleza, pues yo sabía que la valorábamos según nuestro hábito visual, según la edad, el estado de ánimo y la raza a que perteneciéramos. En definitiva, nuestros 95 juicios dependían, en cada instante, de nuestros anteriores puntos de referencia y de *nuestra peculiar situación* en el Universo. Lo aparente, la *forma,* era sólo *una* realidad, una realidad entre otras muchas realidades ocultas, perceptibles por otros seres e incluso por nosotros mismos en otras circunstancias. Y lo mismo 100 cabía decir° del peso, de la velocidad y de la capacidad de agresión. Una piedra que aplastaría° a una hormiga° sería leve para un buey°; y una espina *peligrosa* para mi piel no lo sería para una materia más resistente, como el mármol o el hierro°.

El concepto de relatividad... Mi tormento consistía en que lo 105 aplicaba *sin cesar* y a *todas las cosas,* sin exceptuar al hombre. Éste era mi mayor dolor, puesto que implicaba no juzgar. En efecto, ninguna acción humana me parecía ni meritoria ni condenable, pues el individuo vivía sometido a la presión de fuerzas que le eran superiores, entre las que yo consideraba como 110 las más inmediatas la vibración magnética y la electricidad. Las personas no me parecían ni siquiera *ciertas.* ¿Qué sería una persona para una estrella, qué sería yo para mi brazo? Bueno, por ahí mi melancolía entroncó° con la negación de la libertad y con la duda sistemática. Yo no estaba seguro sino de una cosa: 115 de que tenía un tumor.

De este modo transcurrieron las cuatro semanas que duraron los *electroshock,* durante las cuales me di cuenta de que mi mujer no me abandonaba un solo instante. Incluso si por azar° me despertaba por la noche —cosa poco frecuente, pues solía 120 dormir once y doce horas de un tirón°—, la encontraba a ella invariablemente despierta. Más tarde supe que me vigilaba, pues era evidente que si en un momento dado me fallaba el sentimiento religioso —el temor del juicio divino— nada podría impedir que me quitara la vida°. 125

Terminados los *electroshock,* que si no me curaron, como curaban a otros muchos enfermos, acaso° impidieran que la enfermedad progresase, empezaron las drogas, drogas destinadas a adormecerme y a estabilizar el sistema nervioso. Largactil, Acetilcolina, Niseral, Novocaína, la droga india Rauwi- 130 pur, tantas otras... Su lucha para procurarme la paz no carecía de grandeza. Durante mucho rato percibía sus intentos apaciguadores, su hormigueo°. Se extendían sigilosamente°, posándose aquí y allá —especialmente en el cerebro y en el área del

cabía... could be stated
crush / ant
ox
iron

made contact with

por... by chance

de... at a stretch

que... that I should commit suicide

perhaps

itching / stealthily

hiding place

fuse

offering

attempts
Como... Be that as it may

dwarf

tranquilizers

de... flatly
se... had appeared to me as

por... because of our laziness
vibrate

cuando... when he has
  overcome
Por... For a start
compass

carries out

full of tentacles / darts across

pecho— en busca de la guarida° donde se escondiera la raíz de mi mal; es decir, en busca del punto exacto en que debían de fundirse° la materia y el alma. Mis respuestas eran, en cada caso, imprevisibles. Espasmos, sensación de agonía, dulce paz por unos minutos, súbita inmovilización de las paredes estomacales. La droga india Rauwipur me producía un terrible malestar y me impedía articular debidamente las sílabas. El Largactil despertaba en mi interior vagas y extrañas representaciones sexuales. No puedo precisar con qué «anestésicos» coincidieron mis períodos de resignación, de ofrenda° de mi dolor a Dios, que podía curarme, y con qué «excitantes» coincidieron mis conatos° de blasfemia contra ese Dios, que me sometía a tal prueba, que me había abandonado. Como fuere°, mi escepticismo con respecto al resultado de tales medicamentos era absoluto. Miraba los frascos y las tabletas como se miraría a un enano° de buena voluntad.

Y no obstante, era preciso reconocer que el *electroshock* y los meprobramatos° y los barbitúricos obraban de algún modo sobre mis centros cerebrales. En efecto, bajo su acción, mis agentes sensibles, mi receptividad, se enriquecieron de tal forma que empecé a intuir insospechadas relaciones de nuestro organismo y de lo que llamamos espíritu con el resto de la creación. Sí, penetré en *zonas de existencia* que hasta entonces yo había ignorado; y en consecuencia empecé a admitir de plano° muchos fenómenos que en otras épocas de mi vida se me habían antojado° charlatanería, como la transmisión telepática, las influencias astrales, etc. Comprendí, ¡con qué susto!, que no utilizamos la millonésima parte de las posibilidades de nuestra naturaleza. Que, en estado de lo que llamamos normalidad, renunciamos, por pereza°, a desarrollar un cúmulo de facultades que laten° potencialmente en nuestro ser y que sin duda el hombre desarrollará un día, cuando sea más adulto que ahora, menos ignorante, cuando haya superado° el estado larval en que se debate todavía. Por de pronto°, yo fui por mí mismo, bajo los efectos de estas drogas, teléfono, radar, brújula°, toda suerte de maravillas científicas; lo cual, por otra parte, no puede sorprender a nadie que realice° un inventario riguroso de sus anteriores vivencias. En efecto, fenómenos tan corrientes como el sueño, la alta fiebre, el terror o el instalarnos en un medio que no nos sea habitual alteran rotundamente nuestro mundo tentacular°. Durante el sueño, nuestro cuerpo vuela, hiende° las distancias. En estados de alta fiebre, sentimos presencias diabólicas en el corazón. En instantes de terror, notamos movilizarse remotísimas defensas. Y con sólo sumergirnos en el agua

o situarnos bajo una bóveda° inmensa, o metálica o de cristal,   vault
nos desorientamos, presentimos° la cercanía de «entes°» 180   we sense / "beings"
ignotos°.y establecemos con éstos una extraña comunicación.   unknown to us

De mí puedo decir que estas captaciones° se multiplicaron   attractions
hasta el extremo de convertirme en el más crédulo de los seres.
En efecto, llegó un momento en que me pareció admisible
incluso lo atribuido a Pascal, quien soñó que era estrangulado 185
por un cordón y que a los dos días sufrió una angina de pecho°;   **angina...** angina pectoris
y que pudiera leerse nuestro porvenir° en nuestra piel; y que se   future
haya conseguido hipnotizar por televisión; y que un golpe en la
cabeza pueda despertar en nosotros extrañas predisposiciones.
Penetré en la órbita de los humores y en el sentido de aquella 190
frase de Montaigne: «No estamos nunca en nosotros mismos,
sino siempre un poco más allá»; así como en aquella otra frase
del *Fausto*: «No he pensado nunca mi propio pensamiento».
Ambas frases me parecen exactas, porque admiten otro campo
de excitación que el *mens sana in corpore sano°*, otros *modos* 195   **mens...** *a healthy mind in a*
de mente y de salud, no aptos para el bienestar y el equilibrio,   *healthy body* (Latin)
pero sí para la intuición y el hallazgo°. De ahí que gran número   discovery
de descubrimientos hayan sido realizados por seres de vida
psíquica alterada, considerados enfermos o defectuosos. En
realidad, sobran jueces° y faltan videntes°, pues es mucho más 200   judges / seers
inmenso lo que está oculto que lo que emerge a flor de piel°.   **a...** at the surface

Mis experiencias hollaron° también el área de los presenti-   treaded on
mientos. Presentía cartas, visitas, menudos sucesos, con una
frecuencia mucho más marcada que en estado de equilibrio
nervioso. Presentía, con terrible precisión, tormentas meteoro- 205
lógicas, y afirmé muchas veces que la curación del cáncer era
inminente. Me bastaba con inmovilizarme y con prestar atención
para registrar ruidos muy lejanos o para hundirme en un silencio
de caucho°, habitado por voces tan reales como la mía y tan   rubber
ligeras como el pensamiento. Con una baraja° en las manos, 210   deck of cards
adiviné por siete veces consecutivas la carta que iba a salir, y
no llegué a ocho porque me eché a llorar. Con los dados°, dese-   dice
ándolo intensamente, conseguí que saliera por seis veces el
número uno. Abría los libros por la página requerida°. En los   requested
quioscos° de periódicos, en los que acostumbraba a pararme, 215   stands
adivinaba reiteradamente la publicación que pediría el com-
prador de turno°. Apenas salía a la terraza huían todos los pája-   **de...** waiting his turn
ros de los árboles vecinos —contrariamente al júbilo° que les   joy
producía la presencia de mi mujer— y una tarde acaricié el
lomo° del gato gris que teníamos, y los pelos del animal 220   back
se erizaron° como sacudidos por un cable de alta tensión. Sí,   **se...** stood up on end
sobre todo con respecto a mi mujer me convertí en un médium

extraordinario, presintiendo incluso ademanes° suyos que no le eran habituales y que en un momento dado se disponía° a
225 realizar.

Ella se esforzaba, desde luego, en quitar importancia a mis anticipaciones y acaso éstas carecieran realmente de interés; pero era lo cierto que mi mirada turbaba° a las personas, algunas de las cuales me han confesado más tarde que *sentían*
230 *como si yo las viera por dentro.*

EJERCICIOS

I. Vocabulario

Dé los nombres relacionados con los siguientes verbos. Busque en el texto si no los recuerda. Luego utilice los nombres en frases que demuestran que usted entiende los significados.

respirar, creer, sospechar, odiar, asombrar, perder, tratar, enfermar, desdoblar, estar, formar, vivir

EJEMPLO: Respirar—la respiración

La respiración le resultará más fácil si usted pierde peso.

II. Verbos

Exprese las frases siguientes de otra manera.

EJEMPLO: Al recobrar la conciencia, mis sensaciones variaron un poco.
Cuando recobré la conciencia, mis sensaciones variaron un poco.

1. Al ver un edificio delante de mí, su mole no me impresionaba.
2. Al terminar los *electroshock,* empezaron las drogas.
3. Al empezar el tratamiento, no me dí cuenta de la naturaleza de la enfermedad.
4. Al entrar en estados de alta fiebre, sentimos presencias diabólicas.

5. Al recobrar la conciencia, él vio a su esposa al lado de la cama.
6. Al despertarme, no me acordé de nada.

III. Sustituciones

Sustituya la parte en negrilla en cada frase por una de las expresiones siguientes, haciendo todos los cambios necesarios en la frase original.

antojarse, prestar atención, a la vez, de pronto, sobrar

1. Se dice que **hay demasiados** jueces en España.
2. Antes no **había hecho caso** a esta clase de fenómenos.
3. En otras épocas de mi vida todo eso **me había parecido** charlatanería.
4. Él tenía la sensación de encontrarse **simultáneamente** en distintos lugares.
5. **De repente,** conoció una sensación aproximada a la de desdoblamiento.

IV. ¡Ojo!

Fíjese en la diferencia entre **a la vez, a veces, de vez en cuando** y **en vez de.**

V. Preguntas

1. ¿Cuánto tiempo duró el tratamiento del autor con los *electroshock*?
2. ¿Cuáles eran sus sensaciones al despertar?
3. Mencione algunas de las sensaciones del autor al recobrar la conciencia.
4. En la búsqueda de sí mismo, ¿qué sensaciones experimentó el autor?
5. Explique sus sensaciones de ubicuidad.
6. Explique sus sensaciones de desdoblamiento.
7. ¿Cómo explica él "conciencia de la propia continuidad"?
8. ¿Qué importancia tenía el tiempo con respecto a la gravedad de su condición?
9. ¿Cuál era su actitud con respecto a la relatividad?
10. ¿Cuál era la actuación de su esposa durante todo este período?
11. ¿Cuál era el efecto positivo de las drogas que recibió?
12. ¿Qué es lo que comprendió entonces?
13. ¿Qué cosas presentía bajo la influencia de su tratamiento?
14. ¿Cuál era la reacción de su gato cuando él trató de acariciarlo?

VI. Temas para conversación o para ensayos escritos

1. ¿Cómo explica usted la actitud del gato?
2. ¿Ha tenido usted alguna experiencia semejante a las del autor? Por ejemplo, ¿ha dudado que usted es la misma persona que era hace diez años? ¿O ha sufrido algún ataque de amnesia o tenido la sospecha de haber vivido antes bajo otra forma? Explique. Si usted no ha experimentado ninguna de estas sensaciones, ¿cuál es su actitud con respecto a las personas que sí las han experimentado?
3. ¿Cuál de las sensaciones descritas por el autor considera usted la más interesante? Explique sus razones.

ENRIQUE ANDERSON IMBERT

EL FANTASMA

Se dio cuenta de que acababa de morirse cuando vio que su propio cuerpo, como si no fuera el suyo sino el de un doble, se desplomaba° sobre la silla y la arrastraba° en la caída. Cadáver y silla quedaron tendidos° sobre la alfombra, en medio de la habitación. ⁵

collapsed / la... brought it down
spread out

¿Con que eso era la muerte?

¡Qué desengaño°! Había querido averiguar cómo era el tránsito al otro mundo ¡y resultaba que no había ningún otro mundo! La misma opacidad de los muros, la misma distancia entre mueble y mueble, el mismo repicar de la lluvia sobre el ¹⁰ techo... Y sobre todo ¡qué inmutables, qué indiferentes a su muerte los objetos que él siempre había creído amigos!: la lámpara encendida, el sombrero en la percha°... Todo, todo estaba igual. Salvo la silla volteada° y su propio cadáver, cara al cielo raso°. ¹⁵

disappointment

hat rack
overturned
plaster ceiling

Se inclinó y se miró en su cadáver como antes solía mirarse en el espejo. ¡Qué avejentado°! ¡Y esas envolturas° de carne gastada!

old-looking / wrappings

—Si yo pudiera alzarle los párpados° quizá la luz azul de mis ojos ennobleciera otra vez el cuerpo —pensó. ²⁰

eyelids

Porque así, sin la mirada, esos mofletes° y arrugas°, las cuevas velludas° de la nariz y los dos dientes amarillos mordiéndose el labio exangüe° estaban revelándole su aborrecida condición de mamífero°.

fat cheeks / wrinkles
hairy
bloodless
mammal

—Ahora que sé que del otro lado no hay ángeles ni abismos ²⁵ me vuelvo a mi humilde morada°.

abode

Y con buen humor se aproximó a su cadáver —jaula° vacía— y fue a entrar para animarlo otra vez.

cage

¡Tan fácil que hubiera sido! Pero no pudo. No pudo porque en ese mismo instante se abrió la puerta y se entrometió° su ³⁰ mujer, alarmada por el ruido de silla y cuerpo caídos.

interfered

—¡No entres! —gritó él, pero sin voz.

Era tarde. La mujer se arrojó sobre° su marido y al sentirlo exánime° lloró y lloró.

se... threw herself upon
lifeless

—¡Cállate! ¡Lo has echado todo a perder!° —gritaba él, pero ³⁵ sin voz.

Lo... You have spoiled everything!

¡Qué mala suerte! ¿Por qué no se le habría ocurrido encerrarse con llave durante el experimento? Ahora, con testigo, ya

no podía resucitar: estaba muerto, definitivamente muerto. ¡Qué
40 mala suerte!

Acechó° a su mujer, casi desvanecida sobre su cadáver;
y a su propio cadáver, con la nariz como una proa° entre las
ondas de pelo de su mujer. Sus tres niñas irrumpieron a la
carrera° como si se disputaran un dulce, frenaron de golpe°,
45 poco a poco se acercaron y al rato todas lloraban, unas sobre
otras. También él lloraba viéndose allí en el suelo, porque comprendió que estar muerto es como estar vivo, pero solo, muy
solo.

Salió de la habitación, triste.
50 ¿Adónde iría?

Ya no tuvo esperanzas de una vida sobrenatural. No. No
había ningún misterio.

Y empezó a descender, escalón por escalón°, con gran
pesadumbre.
55 Se paró en el rellano°. Acababa de advertir que, muerto y
todo, por creer que se movía como si tuviera piernas y brazos,
había elegido como perspectiva la altura donde antes llevaba
sus ojos físicos. Puro hábito. Ahora quiso probar las nuevas ventajas y se echó a volar° por las curvas del aire. Lo único que no
60 pudo hacer fue traspasar los cuerpos sólidos, tan opacos, tan
insobornables° como siempre. Chocaba contra ellos. No es que
le doliera: simplemente no podía atravesarlos. Puertas, ventanas, pasadizos°, todos los canales que abre el hombre a su
actividad, seguían imponiendo direcciones a sus revoloteos.
65 Pudo colarse° por el ojo de una cerradura° pero a duras penas°.
Él, muerto, no era una especie de virus filtrable para el que
siempre hay pasos: sólo podía penetrar por las hendijas° que
los hombres descubren a simple vista. ¿Tendría ahora el tamaño
de una pupila de ojo? Sin embargo, se sentía como cuando vivo,
70 invisible, sí, pero no incorpóreo. No quiso volar más y bajó a
retomar sobre el suelo su estatura de hombre. Conservaba la
memoria de su cuerpo ausente, de las posturas que antes había
adoptado en cada caso, de las distancias precisas donde esta-
rían su piel, su pelo, sus miembros°. Evocaba así a su alrededor
75 su propia figura; y se insertó donde antes había tenido las
pupilas.

Esa noche veló° al lado de su cadáver, junto a su mujer. Se
acercó también a sus amigos y oyó sus conversaciones. Lo vio
todo, hasta el último instante, cuando los terrones° del cam-
80 posanto sonaron lúgubres sobre el cajón y lo cubrieron.

Él había sido toda su vida un hombre doméstico. De su
oficina a su casa, de casa a su oficina. Y nada, fuera de su mujer

y sus hijas. No tuvo ahora tentaciones de viajar al estómago de la ballena° o de recorrer el gran hormiguero°. Prefirió hacer como que se sentaba en el viejo sillón y gozaba de° la paz de los suyos.

Pronto se resignó a no poder comunicarles ningún signo de su presencia. Le bastaba con que su mujer alzara los ojos y mirase su retrato en lo alto de la pared.

A veces se lamentó de no encontrarse en sus paseos con otro muerto siquiera para cambiar impresiones. Pero no se aburría. Acompañaba a su mujer a todas partes e iba al cine con las niñas.

En el invierno su mujer cayó enferma y él deseó que se muriera. Tenía la esperanza de que, al morir, el alma de ella vendría a hacerle compañía. Y se murió su mujer, pero su alma fue tan invisible para él como para las huérfanas°.

orphans (his daughters)

Quedó otra vez solo, más solo aún puesto que ya no pudo ver a su mujer. Se consoló con el presentimiento de que el alma de ella estaba a su lado, contemplando también a las hijas comunes... ¿Se daría cuenta su mujer de que él estaba allí? Sí... ¡claro!... qué duda había... ¡Era tan natural!

Hasta que un día tuvo, por primera vez desde que estaba muerto, esa sensación de más allá, de misterio, que tantas veces lo había sobrecogido° cuando vivo: ¿y si toda la casa estuviera poblada de sombras de lejanos parientes, de amigos olvidados, de fisgones° que divertían su eternidad espiando a las huérfanas?

overcome

curious, "nosy" (ghosts)

Se estremeció de disgusto como si hubiera metido la mano en una cueva de gusanos°. ¡Almas, almas, centenares de almas extrañas, deslizándose° unas encima de otras, ciegas entre sí pero con sus maliciosos ojos abiertos al aire que respiraban sus hijas!

worms

gliding

Nunca pudo recobrarse de esa sospecha, aunque con el tiempo consiguió despreocuparse: ¡qué iba a hacer!

Su cuñada° había recogido a las huérfanas. Allí se sintió otra vez en su hogar. Y pasaron los años. Y vio morir, solteras°, una tras otra, a sus tres hijas. Se apagó así, para siempre, ese fuego de la carne que en otras familias más abundantes va extendiéndose como un incendio° en el campo. Pero él sabía que en lo invisible de la muerte su familia seguía triunfando, que todos, por el gusto de adivinarse juntos, habitaban la misma casa, prendidos a su cuñada como náufragos° al último leño°.

sister-in-law

unmarried

fire

shipwrecked persons / piece of wood

También murió su cuñada.

Se acercó al ataúd° donde la velaban, miró su rostro, que todavía se ofrecía como un espejo al misterio, y sollozó°, solo,

coffin

sobbed

solo ¡qué solo! Ya no había nadie en el mundo de los vivos que
los atrajera a todos con la fuerza del cariño. Ya no había posibilidades de citarse° en un punto del universo. Ya no había espe-
130 ranzas. Allí, entre los cirios° en llama, debían de estar las almas
de su mujer y de sus hijas. Les dijo "¡Adiós!", sabiendo que no
podían oirlo, salió al patio y voló noche arriba°.

making a date, meet

wax candles

noche... into the night

EJERCICIOS

I. Preposiciones

Utilice la preposición correcta en las frases siguientes, escogiendo
entre **por, a, en, de** y **sobre.**

Él se dio cuenta _____ que acababa _____ morirse cuando vio su
propio cuerpo tendido _____ la alfombra. El se miró _____ su
cadáver como antes solía mirarse _____ un espejo. Su mujer vino
corriendo alarmada _____ el ruido. Ella se arrojó _____ el cadáver _____ su marido. Después salió _____ la habitación y empezó _____ bajar la escalera, escalón _____ escalón. Pero él se
echó _____ volar _____ las curvas _____ el aire. Pasó largos
ratos contemplando _____ sus hijas y _____ fin se quedó pren-
dido _____ su cuñada como náufrago _____ último leño. Nunca
más gozaría _____ la compañía _____ los miembros de su
familia.

II. Sustituciones

Sustituya las partes en negrilla en cada frase por una de las expresiones siguientes.

**a duras penas, de golpe, echar a perder, pararse, colarse, avejen-
tado, gozar**

1. Él **pasó** por la cerradura de una puerta, pero **con dificultad.**
2. Mirando a su cuerpo ya muerto, se encontró muy **viejo.**
3. Al descubrirle muerto, su mujer le **estropeó** todos sus planes.
4. Él nunca **había disfrutado** de la vida.
5. **De repente** las hijas **se detuvieron.**

III. El verbo *echar*

Fíjese en las maneras siguientes de emplear el verbo *echar* y escoja la forma correcta para traducir las frases siguientes.

echar a perder — *to spoil something*
echarse a (y un verbo de emoción o movimiento referido al sujeto:
echarse a llorar) — *to start*
echar de menos (a) — *to miss (someone)*
echar — *to throw, to pour, to fire (from a job)*. Como verbo reflexivo quiere decir **acostarse.**

1. He began to fly around the room.
2. Entering suddenly, his wife spoiled everything.
3. They had fired him from his position.
4. When she saw that he was dead, she began to sob.
5. All his family missed him when he was dead.
6. He lay down on the floor to rest.
7. He poured himself a glass of wine.
8. He threw the chair into the middle of the room.

IV. Preguntas

1. ¿Cómo se dio cuenta de que acababa de morirse?
2. ¿Por qué se sintió desengañado?
3. ¿Qué impresión le produjo su propio cuerpo?
4. ¿Qué estaba tratando de hacer cuando se entrometió su mujer?
5. ¿Por qué no oyó sus gritos su mujer?
6. ¿De qué se queja (*complains*) él acerca de su mujer?
7. Describa la escena de su muerte con la mujer y las niñas.
8. Como fantasma, ¿qué costumbre conservaba él de su vida corporal?
9. ¿Cuál era la idea desagradable que se le ocurrió acerca de los demás fantasmas?
10. Por fin, ¿qué es lo que les ocurrió a su mujer y a sus hijas?
11. ¿Por qué se sintió desengañado de nuevo a la muerte de las otras personas de su familia?
12. A la muerte de su cuñada, ¿adónde se dirigió él?

V. Temas para conversación o para ensayos escritos

1. ¿Considera usted que éste es un cuento de fantasmas sin misterio? Explique.
2. ¿Qué impresión le produce el cuento? (¿horror? ¿tristeza? ¿repugnancia? etc.) Explique.
3. ¿Cómo ve el autor la vida del hombre después de la muerte? ¿Comparte usted su punto de vista?

CARLOS FUENTES   (b. 1928)

Carlos Fuentes—diplomat, scholar, and perhaps Mexico's best-known contemporary novelist—has also written dramas, movie scripts, excellent criticism, and short stories (many of which have been made into movies), and helped launch several prestigious literary magazines, such as Revista Mexicana de Literatura. *Fuentes studied law at the University of Mexico (acquiring a degree of* Licenciado en Derecho) *and international studies at Geneva. He has traveled extensively in Europe and Latin America and often resides in Paris. Presently, he is ambassador of Mexico to France.*

Although Fuentes is often identified with the novel of social protest, an element of the fantastic can also be found in nearly all his works. The short story selected for this anthology is in many ways typical of Fuentes' fantasy: imagination is always anchored in realistic details. Written for his first collection of tales, Los días enmascarados, *it deals with the hero's bewitchment and capture by a kind of sorceress, a theme that he pursues in* Aura, Holy Place (Zona sagrada), Change of Skin (Cambio de piel), *and* Cumpleaños, *as well as in his most recent novel,* Terra Nostra.

As Fuentes explains in a personal letter, the clue to this story and to most of the others lies in his own bewitchment by a historical figure, Carlota, Empress of Mexico during the brief reign of her husband, the archduke Maximilian of Austria (1864–1867). The figure of Carlota has haunted Fuentes ever since his early childhood, when he saw a portrait of her as a young girl in the palace museum of Chapultepec Castle and shortly afterwards, a photo of the same woman lying on her death bed. Fuentes notes that Carlota was insane, living almost as a ghost, for more than half a century, finally dying in Belgium in 1927, just one year before he was born. For him the ghost and the sorceress are treated as one. She is the magical female who is fated to trap the narrator—a narrator who in this case appears to be none other than a reincarnation of the archduke himself.

TLACTOCATZINE°, DEL JARDÍN DE FLANDES

Lord (Nahuatl)

lawyer

useless, broken-down

19 Sept. ¡El licenciado° Brambila tiene cada idea! Ahora acaba de comprar esa vieja mansión del Puente de Alvarado, suntuosa pero inservible°, construida en tiempos de la Interven-

ción Francesa[1]. Naturalmente supuse que se trataba de° una de
tantas operaciones del licenciado, y que su propósito°, como en
otra ocasión, sería el de demoler la casa y vender el terreno a
buen precio, o en todo caso° construir allí un edificio para ofici-
nas y comercios. Esto, como digo, creía yo entonces. No fue
poca mi sorpresa cuando el licenciado me comunicó sus inten-
ciones: la casa, con su maravilloso *parquet,* sus brillantes can-
diles°, serviría para dar fiestas y hospedar° a sus colegas norte-
americanos —historia, folklore, elegancia reunidos. Yo debería
pasarme a vivir algún tiempo a la mansión, pues Brambila, tan
bien impresionado por todo lo demás, sentía cierta falta de calor
humano en esas piezas°, de hecho° deshabitadas desde 1910,
cuando la familia huyó° a Francia. Atendida por un matrimonio°
de criados que vivían en la azotea°, mantenida limpia y brillante
—aunque sin más mobiliario° que un magnífico Pleyel° en la
sala durante cuarenta años—, se respiraba en ella (añadió el
licenciado Brambila) un frío muy especial, notoriamente intenso
con relación al que se sentiría en la calle.

—Mire, mi güero°. Puede usted invitar a sus amigos, a charlar, a tomar la copa°. Se le instalará lo indispensable. Lea,
escriba, lleve su vida habitual.

Y el licenciado partió en avión a Washington, dejándome
conmovido ante su fe inmensa en mis poderes de calefacción°.

19 Sept.   Esa misma tarde me trasladé° con una maleta° al
Puente de Alvarado. La mansión es en verdad hermosa, por más
que la fachada se encargue de negarlo°, con su exceso de
capiteles jónicos° y cariátides del Segundo Imperio. El salón,
con vista a la calle, luce° un piso° oloroso y brillante, y las paredes, apenas manchadas por los rectángulos espectrales
donde antes colgaban los cuadros, son de un azul tibio°, an-
clado° en lo antiguo, ajeno a lo puramente viejo. Los retablos°
de la bóveda° (Zobeniga[2], el embarcadero de Juan y Pablo[3],
Santa María de la Salud[4]) fueron pintados por los discípulos de
Francesco Guardi. Las alcobas, forradas° de terciopelo° azul, y
los pasillos°, túneles de maderas, lisas° y labradas°, olmo°,

se... it was a question of

objective

en... in any case

chandeliers / entertain

rooms / **de...** in fact
fled / couple (man and wife)
roof apartment
furniture / Pleyel piano

my pal
tomar... have a drink

heating

moved / suitcase

deny
Ionic
sports / floor

pale
anchored / paintings
dome

lined / velvet
passages / plain / carved / elm

[1] A reference to the reign of Maximilian, who was used by Napoleon to further his own ambitions for an empire in America.
[2] **Zobeniga:** a quai in Venice.
[3] **el embarcadero de Juan y Pablo:** a wharf in Venice.
[4] **Santa María de la Salud:** a church near Venice.

ébano y boj°, en el estilo flamenco de Veit Stoss[5] algunas, otras
40 más cercanas a Berruguete[6], al fasto° dócil de los maestros de
Pisa. Especialmente, me ha gustado la biblioteca. Esta se encuentra a espaldas° de la casa, y sus ventanas son las únicas
que miran al jardín, pequeño, cuadrado, lunar° de siemprevivas°,
sus tres muros acolchonados de enredadera°. No encontré
45 entonces las llaves de la ventana, y sólo por ella puede pasarse
al jardín. En él, leyendo y fumando, habrá de empezar mi labor
humanizante de esta isla de antigüedad. Rojas, blancas, las
siemprevivas brillaban bajo la lluvia; una banca° al viejo estilo,
de fierro° verde retorcido° en forma de hojas, y el pasto° suave,
50 mojado, hecho un poco de caricias y persistencia. Ahora que
escribo, las asociaciones del jardín me traen, sin duda, las
cadencias de Rodenbach[7]... *Dans l'horizon du soir où le soleil
recule... la fumée éphémère et pacifique ondule... comme une
gaze où des prunelles sont cachées; et l'on sent, rien qu'à voir*
55 *ces brumes détachées, un douloureux regret de ciel et de*
voyage...[8]

20 Sept. Aquí se está lejos de los "males parasitarios" de
México. Menos de veinticuatro horas entre estos muros, que son
de una sensibilidad, de un fluir que corresponden a otros lito-
60 rales, me han inducido a un reposo lúcido, a un sentimiento de
las inminencias; en todo momento, creo percibir con agudeza°
mayor determinados perfumes propios de° mi nueva habitación,
ciertas siluetas de memoria que, conocidas otras veces en
pequeños relámpagos°, hoy se dilatan° y corren con la viveza y
65 lentitud de un río. Entre los remaches° de la ciudad, ¿cuándo he
sentido el cambio de las estaciones°? Más: no lo sentimos en
México; una estación se diluye° en otra sin cambiar de paso°,
"primavera inmortal y sus indicios°"[9]; y las estaciones pierden
su carácter de novedad reiterada, de casilleros° con ritmos, ritos

[5] Veit Stoss (1447?–1533?), German sculptor influenced by Dürer.
[6] Berruguete, Alonso (1488?–1581?), Spanish baroque sculptor, painter, and architect.
[7] Rodenbach, Georges (1855–1898), Belgian symbolist poet.
[8] *On the horizon of evening where the sun withdraws . . . the ephemeral and peaceful smoke curls . . . like a veil where the eyes are hidden; and one feels, merely by looking at this free-floating mist, a painful nostalgia for the sky and faraway lands.*
[9] **"primavera... indicios":** This is a line from *Grandeza mexicana*, a baroque poem written in 1604 by Bernardo de Balbuena (1568–1627) describing and praising Mexico City.

Glosses (margin):
- boxwood
- grandeur
- in the back
- patch / forget-me-nots
- **acolchonados...** cushioned with vines
- bench
- iron / twisted / lawn
- sharpness
- **propios...** peculiar to
- flashes / spread out
- rivets
- seasons
- **se...** dissolves / **sin...** without a change of step
- signs
- compartments

y goces propios°, de fronteras a las que enlazar° nostalgias y proyectos, de señas° que nutran y cuajen° la conciencia. Mañana es el equinoccio. Hoy, aquí, sí he vuelto a experimentar, con un dejo° nórdico, la llegada del otoño. Sobre el jardín que observo mientras escribo, se ha desbaratado° un velo gris; de ayer a hoy, algunas hojas han caído del emparrado°, hinchando° el césped°; otras, comienzan a dorarse°, y la lluvia incesante parece lavar lo verde, llevárselo a la tierra. El humo del otoño cubre el jardín hasta las tapias°, y casi podría decirse que se escuchan pasos, lentos, con peso de respiración, entre las hojas caídas.

21 Sept.   Por fin, he logrado abrir la ventana de la biblioteca y salido al jardín. Sigue esta llovizna°, imperceptible y pertinaz. Si ya en la casa rozaba° la epidermis de otro mundo, en el jardín me pareció llegar a sus nervios. Esas siluetas de memoria, de inminencia, que noté ayer, se crispan° en el jardín; las siempre-vivas no son las que conozco: éstas están atravesadas° de un perfume que se hace doloroso, como si las acabaran de recoger en una cripta, después de años entre polvo y mármoles°. Y la lluvia misma remueve, por el pasto, otros colores que quiero insertar en ciudades, en ventanas; de pie en el centro del jardín, cerré los ojos... tabaco javanés y aceras° mojadas... arenque°... tufos° de cerveza, vapor de bosques, troncos de encina°... Girando°, quise retener de un golpe la impresión de este cuadrilátero de luz incierta, que hasta a la intemperie° parece filtrarse por vitrales° amarillos, brillar en los braseros, hacerse melancolía aun antes de ser luz... y el verdor de las enredaderas, no era el acostumbrado en la tierra cocida° de las mesetas; tenía otra suavidad, en que las copas° lejanas de los árboles son azules y las piedras se cubren con limos° grotescos... ¡Memling[10], por una de sus ventanas había yo visto este mismo paisaje, entre las pupilas de una virgen y el reflejo de los cobres°! Era un paisaje ficticio, inventado. ¡El jardín no estaba en México!... y la lluviecilla°... Entré corriendo a la casa, atravesé el pasillo, penetré al salón y pegué la nariz en la ventana°: en la Avenida del Puente de Alvarado, rugían° las sinfonolas°, los tranvías y el sol, sol monótono, Dios-Sol[11] sin matices° ni efigies en sus rayos, Sol-piedra° estacionario, sol de los siglos breves. Regresé a la biblioteca: la llovizna del jardín persistía, vieja, encapotada°.

[10] Memling, Hans (1430?–1495?), Flemish painter.
[11] Probable reference to Aztec sun worship.

goces...	their own pleasures / intertwine
	signs / steady (*lit.*, solidify)
	touch
	unraveled
	arbor / swelling
	lawn / grow golden
	garden walls
	drizzle
	I grazed
	bristle
	impregnated
	marble (tombs)
	sidewalks / herring
	strong smell / live oak
	Twirling around
hasta...	even in bad weather
	windows
	burnt (*lit.*, cooked)
	bowers, tree tops
	slime
	copper pots
	soft rain
pegué...	I pressed my nose to the window
	were roaring / jukeboxes
	shades
	Sun-stone
	covered in a cloak (overcast)

21 Sept.   He permanecido, mi aliento° empañando° los cris-
110 tales, viendo el jardín. Quizá horas, la mirada fija en su reducido
espacio. Fija en el césped, a cada instante más poblado de
hojas. Luego sentí el ruido sordo°, el zumbido° que parecía salir
de sí mismo, y levanté la cara. En el jardín, casi frente a la mía,
otra cara, levemente ladeada°, observaba mis ojos. Un resorte°
115 instintivo me hizo saltar hacia atrás. La cara del jardín no varió
su mirada, intransmisible en la sombra de las cuencas°. Me dio
la espalda°, no distinguí más que su pequeño bulto, negro y
encorvado, y escondí entre los dedos mis ojos.

22 Sept.   No hay teléfono en la casa, pero podría salir a la
120 avenida, llamar a mis amigos, irme al Roxy°... ¡pero si estoy
viviendo en mi ciudad, entre mi gente! ¿por qué no puedo arrancarme a° esta casa, diría mejor, a mi puesto en la ventana que
mira al jardín?

22 Sept.   No me voy a asustar porque alguien saltó° la tapia
125 y entró al jardín. Voy a esperar toda la tarde, ¡sigue lloviendo, día
y noche! y agarrar° al intruso... Estaba dormitando° en el sillón,
frente a la ventana, cuando me despertó la intensidad del olor a
siempreviva. Sin vacilar, clavé la vista en° el jardín —allí estaba. Recogiendo las flores, formando un ramillete° entre sus
130 manos pequeñas y amarillas... Era una viejecita... tendría
ochenta años, cuando menos°, ¿pero cómo se atrevía° a entrar,
o por dónde entraba? Mientras desprendía las flores, la observé:
delgada, seca, vestía de negro. Falda hasta el suelo, que iba
recogiendo rocío° y tréboles°, la tela caía con la pesantez, ligera
135 pesantez, de una textura de Caravaggio[12]; el saco negro, abo-
tonado hasta el cuello, y el tronco doblegado°, aterido°. Ensom-
brecía la cara una cofia° de encaje° negro, ocultando el pelo
blanco y despeinado de la anciana. Sólo pude distinguir los
labios, sin sangre, que con el color pálido de su carne penetra-
140 ban en la boca recta, arqueada en la sonrisa más leve, más
triste, más permanente y desprendida de toda motivación. Levantó la vista; en sus ojos no había ojos... era como si un camino, un paisaje nocturno partiera de los párpados° arrugados°,
partiera hacia adentro, hacia un viaje infinito en cada segundo.

[12] Caravaggio, Michelangelo Amerighi da (1573–1610), painter of the Italian
Renaissance.

The left margin glossary:

breath / clouding

muffled / humming

turned / spring, reaction

eye sockets
Me...   She turned her back to me

name of a movie theatre

arrancarme...   tear myself away from

jumped over

grab / dozing

clavé...   fixed my eyes on bouquet

at the very least / dared

dew / clover

bent / frozen
. bonnet / lace

eyelids / wrinkled

La anciana se inclinó a recoger un capullo° rojy; de perfil, sus 145   bud
facciones de halcón°, sus mejillas° hundidas, vibraban con los   falcon / cheeks
ángulos de la guadaña°. Ahora caminaba, ¿hacia...? No, no diré   scythe
que cruzó la enredadera y el muro, que se evaporó, que penetró
en la tierra o ascendió al cielo; en el jardín pareció abrirse un
sendero°, tan natural que a primera vista no me percaté° de su 150   path / become aware
aparición, y por él, con... lo sabía, lo había escuchado ya... con
la lentitud de los rumbos° perdidos, con el peso de la respira-   trails
ción, mi visitante se fué caminando bajo la lluvia.

23 Sept.   Me encerré en la alcoba; atranqué° la puerta con   locked up
lo que encontré a mano. Posiblemente no serviría para nada; 155
por lo menos, pensé que me permitiría hacerme la ilusión de
poder dormir tranquilo. Esas pisadas lentas, siempre sobre
hojas secas, creía escucharlas a cada instante; sabía que no
eran ciertas, hasta que sentí el mínimo crujido junto a la puerta,
y luego el frotar° por la rendija°. Encendí la luz: la esquina de un 160   rubbing / chink
sobre° asomaba° sobre el terciopelo del piso. Detuve un minuto   envelope / was sticking out
su contenido en la mano; papel viejo, suntuoso, palo-de-rosa°.   rosewood
Escrita con una letra° de araña°, empinada° y grande, la carta   handwriting / angular / prominent
contenía una sola palabra:

Tlactocatzine.   165

23 Sept.   Debe venir, como ayer y anteayer, a la caída del
sol. Hoy le dirigiré la palabra; no podrá escaparse, la seguiré
por su camino, oculto entre las enredaderas...

23 Sept.   Sonaban las seis cuando escuché música en el
salón; era el famoso Pleyel, tocando valses. A medida que° me 170   **A...** As I
acerqué, el ruido cesó. Regresé a la biblioteca: ella estaba en el
jardín; ahora daba pequeños saltos, describía un movimiento...
como el de una niña que juega con su aro°. Abrí la ventana; salí.   hoop
Exactamente, no sé qué sucedió; sentí que el cielo, que el aire
mismo, bajaban un peldaño°, caían sobre el jardín; el aire se 175   step
hacía monótono, profundo, y todo ruido se suspendía. La anciana me miró, su sonrisa siempre idéntica, sus ojos extravia-

dos° en el fondo del mundo; abrió la boca, movió los labios: ningún sonido emanaba de aquella comisura° pálida; el jardín
180 se comprimió como una esponja, el frío metió sus dedos en mi carne...

24 Sept.   Después de la aparición del atardecer, recobré el conocimiento sentado en el sillón de la biblioteca; la ventana estaba cerrada; el jardín, solitario. El olor de las siemprevivas
185 se ha esparcido por la casa; su intensidad es particular en la recámara. Allí esperé un nueva misiva, otra señal de la anciana. Sus palabras, carne de silencio, querían decirme algo... A las once de la noche, sentí cerca de mí la luz parda° del jardín. Nuevamente, el roce de las faldas largas y tiesas junto a la
190 puerta; allí estaba la carta:
"Amado mío:
La luna acaba de asomarse y la escucho cantar; todo es tan indescriptiblemente bello"
Me vestí y bajé a la biblioteca; un velo hecho luz cubría a la
195 anciana, sentada en la banca del jardín. Llegué junto a ella, entre el zumbar de abejorros°; el mismo aire, del cual el ruido desaparece, envolvía su presencia. La luz blanca agitó mis cabellos, y la anciana me tomó de las manos, las besó; su piel apretó° la mía. Lo supe por revelación, porque mis ojos decían
200 lo que el tacto no corroboraba: sus manos en las mías, no tocaba sino viento pesado y frío, adivinaba hielo opaco en el esqueleto de esta figura que, de hinojos°, movía sus labios en una letanía de ritmos vedados°. Las siemprevivas temblaban, solas, independientes del viento. Su olor era de féretro°. De allí venían,
205 todas, de una tumba; allí germinaban, allí eran llevadas todas las tardes por las manos espectrales de una anciana... y el ruido regresó, la lluvia se llenó de amplificadores y la voz, voz coagulada, eco de las sangres vertidas° que aún transitan en cópula con la tierra, gritó:
210 —¡Kapuzinergruft! ¡¡Kapuzinergruft!![13]
Me arranqué a sus manos, corrí a la puerta de la mansión —hasta allá me perseguían los rumores locos de su voz, las cavernas de una garganta de muertes ahogadas—, caí temblando, agarrado a la manija°, sin fuerza para moverla.
215 De nada sirvió; no era posible abrirla.
Está sellada, con una laca° roja y espesa. En el centro, un escudo de armas° brilla en la noche, su águila de coronas°, el

[13] Crypt of the Capuchin monks (in Vienna), where Maximilian, Emperor of Mexico, was buried.

Margin glosses:

lost
parting of the lips

dull

bumble bees

pressed against

kneeling
forbidden
coffin

spilled

handle

lacquer
escudo... coat of arms / **águila...** double-headed eagle (of the Hapsburgs)

perfil de la anciana, lanza la intensidad congelada° de una clausura° definitiva.

Esa noche escuché a mis espaldas —no sabía que lo iba a escuchar por siempre— el roce de las faldas sobre el piso; camina con una nueva alegría extraviada°, sus ademanes° son reiterativos y delatan satisfacción. Satisfacción de carcelero°, de compañía, de prisión eterna. Satisfacción de soledades compartidas. Era su voz de nuevo, acercándose, sus labios junto a mi oreja, su aliento fabricado de espuma y tierra sepultada:

—...y no nos dejaban jugar con los aros°, Max, nos lo prohibían; teníamos que llevarlos en la mano, durante nuestros paseos por los jardines de Bruselas... pero eso ya te lo conté en una carta, en la que te escribía de Bouchot[14], ¿recuerdas? Pero desde ahora, no más cartas, ya estamos juntos para siempre, los dos en este castillo... Nunca saldremos; nunca dejaremos entrar a nadie... Oh, Max, contesta, las siemprevivas, las que te llevo en las tardes a la cripta de los capuchinos, ¿no saben frescas? Son como las que te ofrendaron cuando llegamos aquí, tú, Tlactocatzine... Nis tiquimopielia inin maxochtzintl...[15]

Y sobre el escudo leí la inscripción:

Charlotte, Kaiserin von Mexiko°

congealed, frozen
closing-up

wild / gestures
jailer

hoops

Empress of Mexico (German)

EJERCICIOS

I. Sustituciones

Sustituya la parte en negrilla en cada frase por una de las expresiones siguientes. Luego, utilice cada una de las sustituciones, empleando otro tiempo del verbo o dándole otro sujeto.

[14] Chateau in Belgium where Carlota lived after Maximilian's death.
[15] *Lord . . . Here is this flower.* The rest of the sentence in Nahuatl reads: "It is our sign of friendship and by this your sons of Xocatitlan bring you recognition." A sprig of forget-me-nots was given to Maximilian on his arrival in Mexico by the natives of Xocatitlan (near Orizaba) with a papyrus scroll bearing a long inscription of which this is a small part. In *The Phantom Crown* (1934), Bertita Harding related that Maximilian's mother again placed forget-me-nots on his tomb in memory of this occasion.

echar un trago, ser cuestión de, saltar hacia atrás, ser inútil, clavar la vista

1. Aquí, mi güero, **tomábamos la copa** con los amigos.
2. Cuando vio su cara horible, **retrocedió** en seguida.
3. **Se trataba de** hacer la casa menos fría, menos hostil.
4. Él **tenía la mirada fija** en este reducido espacio.
5. Todas sus precauciones **no servían para nada.**

II. Artículos y pronombres

Ponga un artículo o pronombre en el espacio señalado, cuando sea necesario. (A veces no hace falta nada.)

EJEMPLO: Su propósito sería _____**el**_____ de demoler _____**la**_____ casa.

1. Tan bien impresionado por todo _____ demás, sentía cierta falta de _____ calor humano en esas piezas.
2. Se sentía _____ frío muy especial con relación a _____ que se sentiría en _____ calle.
3. La casa es en verdad hermosa por más que _____ fachada se encargue de negar _____.
4. Se le instalará _____ indispensable.
5. La casa está anclada en _____ antiguo, ajeno a _____ puramente viejo.
6. No encontré _____ llaves de la ventana y sólo por _____ puede pasarse a _____ jardín.
7. La lluvia incesante parece lavar _____ verde, llevarse _____ a la tierra.
8. La anciana me tomó de _____ manos; _____ besó; su piel apretó _____ mía.
9. Eso ya te lo conté en _____ carta en _____ que te escribí de Bouchot.

III. Preguntas

1. ¿Cuándo fue construida la mansión del cuento? ¿Cuántos años tendría?
2. Al comprar la casa, ¿cuál era el propósito del licenciado Brambila?
3. ¿Qué es lo que pensó que haría allí su amigo?
4. ¿Cuál era el único defecto de la casa?
5. ¿Qué es lo que siente el narrador en el jardín (algo que generalmente no se siente en México)?
6. ¿Cuál es la estación del año en el jardín y cómo lo sabemos?
7. ¿Cómo se distinguen las siemprevivas del jardín de otras que el narrador conoce?

8. Mientras está lloviznando en el jardín, ¿qué tiempo hace en la calle?
9. ¿Puede usted describir a la persona que el narrador ve en su jardín?
10. ¿Cuál es el aspecto más terrible de su apariencia?
11. ¿Cuál es la reacción del narrador al principio?
12. ¿Qué medio escoge el fantasma para su primera comunicación con él?
13. ¿Cuál es la actitud de la anciana frente al narrador?
14. ¿Cómo reacciona él?
15. ¿Por qué se pone tan contenta la anciana al final del cuento?
16. ¿Cuál es la identidad del fantasma?

IV. Temas para conversación o para ensayos escritos

1. ¿Cuál es el significado de las siemprevivas?
2. Describa los olores y los ruidos del cuento. ¿Cómo ayudan a crear el ambiente de miedo?
3. ¿Puede usted comentar acerca de los distintos efectos que un autor obtiene al contar un cuento de fantasmas desde el punto de vista del fantasma mismo (como en el cuento de Anderson Imbert) y desde el punto de vista de la víctima (como aquí)?
4. Nos damos cuenta de que la anciana cree que el héroe es una reencarnación de Maximiliano, emperador de México. ¿Qué indicios hay en el cuento que refuerzan esta impresión?
5. ¿Puede usted definir la reencarnación? ¿Ha tenido usted experiencia directa de este fenómeno o tiene usted razones filosóficas o religiosas para creer, o no creer, en ella?
6. ¿Cómo relaciona usted el tema de la reencarnación y el tema del tiempo cíclico (que no marcha adelante sino que se repite)?
7. Compare usted este cuento con el cuento "Ligeia", de Edgar Allan Poe, que también trata de la reencarnación, si usted lo ha leído.
8. Si es que a usted le gustó este cuento, lea usted otro cuento de Fuentes un poco más largo, *Aura,* y haga una comparación entre los dos.

El sueño de la razon produce monstruos

4

Los
Monstruos

Monstruo; monstruoso; horrible; espantoso°; inhumano; terror. Todos retrocedemos, angustiados, cuando aparecen en nuestro horizonte los monstruos. ¿Como definirlos? Vivimos —por lo menos deseamos vivir— en un mundo estable, sólido, normal; queremos vivir en armonía con la naturaleza. Pero —lo sabemos— la naturaleza, a veces, se equivoca, y aparecen los monstruos. ¿Aparecen objetivamente, fuera de nosotros, o bien son creados por nuestra mente? Quizá todo monstruo es un error —un error peligroso— que puede venir de fuera o, con frecuencia, puede ser engendrado dentro de nuestro cerebro, nuestra fantasía. En gramática existen las reglas y, después de estas reglas, las excepciones a las mismas. En la naturaleza existe el orden y, también, a veces, el caos, el desorden: aparecen los monstruos, como símbolo y encarnación del desorden. Una ballena no es un monstruo; es parte de la naturaleza. Un minotauro sí es un monstruo: es, posiblemente, una proyección cultural, mítica, de algunas fuerzas oscuras, primitivas, que residen en nuestra mente y nos atormentan.

°frightful

Los monstruos simbolizan el poder de lo oscuro, lo primitivo, lo terrible, lo inhumano, en nuestro mundo. Quizá la evolución de los seres vivos no es una curva hacia lo alto; quizá existen retrocesos imprevistos°, zigzags aterradores; quizá tenemos, a veces, que hacer un pacto con todos los elementos animales o diabólicos que sabemos existen dentro y fuera de nosotros. En todo caso, no hay cultura —no hay literatura— en que los monstruos dejen de tener un lugar importante: son actores visibles, temidos y aplaudidos, de nuestro drama común, de nuestra común humanidad.

°unforeseen

◄ Francisco Goya, *El sueño de la razón produce monstruos*, from *Los caprichos*. Collection of Pomona College (gift of Norton Simon).

OSVALDO DRAGÚN   (b. 1929)

The Argentine playwright Osvaldo Dragún was born in the prov-
ince of Entre Ríos but moved to Buenos Aires in 1945. There he
pursued studies at the university but eventually dropped them in
order to devote himself entirely to the theatre. His first plays, writ-
ten and presented in the mid-fifties, are historical dramas infused
with a current of social protest. His themes range from the Golden
Age of Greece to the Inca rebellion against the Spanish colonial
empire of the eighteenth century.

Outside Argentina he is best known for his Historias para ser
contadas *(1956), a series of one-act plays with overtones of Brecht,*
Ionesco, and Kafka. Infused with black humor and a sense of the
absurd, these plays deal with the dehumanization that the industrial
world has inflicted on society. The technique, therefore, is satire,
and the monstrosity is of social, rather than supernatural, origin.
Our selection here, El hombre que se convirtió en perro, *is part of*
this series. And in an age when belief in God and his chief antagonist
is fading, social monstrosity, since it is almost believable, is perhaps
more terrifying than that of diabolical inspiration.

Dragún's work has been performed in Paris and has on two
occasions won first prize in the international contest sponsored by
La Casa de las Américas in Havana. His more recent plays include
El jardín del infierno, Y nos dijeron que éramos inmortales,
Amoretta, *and* Un maldito sábado. *Perhaps more clearly than any*
other writer in this collection, Dragún shows us that fantasy is a
literary genre that can also be used to social ends.

HISTORIA DEL HOMBRE
QUE SE CONVIRTIÓ EN PERRO

ACTOR 2° — Amigos, la tercera historia vamos a contarla
así...

ACTOR 3° — Así como nos la contaron esta tarde a nosotros.

ACTRIZ — Es la "Historia del hombre que se convirtió en
5 perro".

ACTOR 3° — Empezó hace dos años, en el banco° de una
plaza. Allí, señor..., donde usted trataba hoy de adivinar° el
secreto de una hoja.

bench
guess

ACTRIZ — Allí, donde extendiendo los brazos apretamos° al mundo por la cabeza y los pies, y le decimos: ¡suena°, acordeón, suena!

we pressed against
play

ACTOR 2° — Allí le conocimos. (*Entra el Actor 1°.*) Era... (*Lo señala.*) ...así como lo ven, nada más. Y estaba muy triste.

ACTRIZ — Fue nuestro amigo. Él buscaba trabajo, y nosotros éramos actores.

ACTOR 3° — Él debía mantener° a su mujer, y nosotros éramos actores.

support

ACTOR 2° — Él soñaba con° la vida, y despertaba gritando por la noche. Y nosotros éramos actores.

soñaba... dreamed about

ACTRIZ — Fue nuestro amigo, claro. Así como lo ven... (*Lo señala.*) Nada más.

TODOS — ¡Y estaba muy triste!

ACTOR 3° — Pasó el tiempo. El otoño...

ACTOR 2° — El verano...

ACTRIZ — El invierno...

ACTOR 3° — La primavera...

ACTOR 1° — ¡Mentira! Nunca tuve primavera.

ACTOR 2° — El otoño...

ACTRIZ — El invierno...

ACTOR 1° — El verano. Y volvimos. Y fuimos a visitarlo, porque era nuestro amigo.

ACTOR 2° — Y preguntamos: ¿Está bien? Y su mujer nos dijo...

ACTRIZ — No sé...

ACTOR 3° — ¿Está mal?

ACTRIZ — No sé.

ACTORES 2° y 3° — ¿Dónde está?

ACTRIZ — En la perrera°. (*Actor 1° en cuatro patas°.*)

kennel / en... on all fours

ACTORES 2° y 3° — ¡Uhhh!

ACTOR 3° — (*Observándolo.*)

Soy el director de la perrera,
y esto me parece fenomenal.
Llegó ladrando° como un perro
(requisito principal);
y si bien° conserva el traje,
es un perro, a no dudar.

barking
si... even if

ACTOR 2° — (*Tartamudeando°.*)

stammering

S-s-soy el v-veter-r-inario,
y esto-to-to es c-claro p-para mí.

                        Aun-que p-parezca un ho-hombre,
50   es un p-pe-perro el q-que está aquí.

                        ACTOR 1º — (Al público.) Y yo, ¿qué les puedo decir? No sé
                si soy hombre o perro. Y creo que ni siquiera ustedes podrán
                decírmelo al final. Porque todo empezó de la manera más
ordinary   55 corriente°. Fui a una fábrica a buscar trabajo. Hacía tres meses
                que no conseguía nada, y fui a buscar trabajo.
sign / openings   ACTOR 3º — ¿No leyó el letrero°? "NO HAY VACANTES°".
                        ACTOR 1º — Sí, lo leí. ¿No tiene nada para mí?
                        ACTOR 3º — Si dice "No hay vacantes", no hay.
                60   ACTOR 1º — Claro. ¿No tiene nada para mí?
                        ACTOR 3º — ¡Ni para usted, ni para el ministro!
                        ACTOR 1º — ¡Ahá! ¿No tiene nada para mí?
                        ACTOR 3º — ¡NO!
lathe operator   ACTOR 1º — Tornero°...
                65   ACTOR 3º — ¡NO!
                        ACTOR 1º — Mecánico...
                        ACTOR 3º — ¡NO!
Secretario   ACTOR 1º — S...°
No   ACTOR 3º — N...°
Revisor Inspector 70 ACTOR 1º — R...°
                        ACTOR 3º — N...
Ferroviario Railwayman ACTOR 1º — F...°
                        ACTOR 3º — N...
Night watchman!   ACTOR 1º — ¡Sereno!° ¡Sereno! ¡Aunque sea de sereno!
trumpet   75 ACTRIZ — (Como si tocara un clarín°.) ¡Tutú, tu-tu-tú! ¡El
sign language   patrón! (Los actores 2º y 3º hablan por señas°.)
                        ACTOR 3º — (Al público.) El perro del sereno, señores, había
luego... after muerto la noche anterior, luego de° veinticinco años de lealtad.
                        ACTOR 2º — Era un perro muy viejo.
                80   ACTRIZ — Amén.
bark   ACTOR 2º — (Al Actor 1º.) ¿Sabe ladrar°?
                        ACTOR 1º — Tornero.
                        ACTOR 2º — ¿Sabe ladrar?
                        ACTOR 1º — Mecánico...
                85   ACTOR 2º — ¿Sabe ladrar?
bricklayer   ACTOR 1º — Albañil°...
                        ACTORES 2º y 3º — ¡NO HAY VACANTES!
                        ACTOR 1º — (Pausa.) ¡Guau... guau!...[1]
                        ACTOR 2º — Muy bien, lo felicito...
give / salary   90   ACTOR 3º — Le asignamos° diez pesos diarios de sueldo°,
doghouse   la casilla° y la comida.

[1] This is the way a dog's bark is expressed in Spanish.

ACTOR 2º — Como ven, ganaba diez pesos más que el perro verdadero.

ACTRIZ — Cuando volvió a casa me contó del empleo conseguido. Estaba borracho.   95

ACTOR 1º — (*A su mujer.*) Pero me prometieron que apenas un obrero se jubilara, muriera o fuera despedido° me darían su puesto. ¡Divertíte°, María, divertíte! ¡Guau... guau!... ¡Divertíte, María, divertíte!

ACTORES 2º y 3º — ¡Guau... guau!... ¡Divertíte, María, 100 divertíte!

ACTRIZ — Estaba borracho, pobre...

ACTOR 1º — Y a la otra noche empecé a trabajar... (*Se agacha° en cuatro patas.*)

ACTOR 2º — ¿Tan chica le queda la casilla?°   105

ACTOR 1º — No puedo agacharme tanto.

ACTOR 3º — ¿Le aprieta aquí?°

ACTOR 1º — Sí.

ACTOR 3º — Bueno, pero vea, no me diga "sí". Tiene que empezar a acostumbrarse. Dígame: ¡Guau... guau!   110

ACTOR 2º — ¿Le aprieta aquí (*El Actor 1º no responde.*) ¿Le aprieta aquí?

ACTOR 1º — ¡Guau... guau!...

ACTOR 2º — Y bueno... (*Sale.*)

ACTOR 1º — Pero esa noche llovió, y tuve que meterme en 115 la casilla.

ACTOR 2º — (*Al Actor 1º.*) Ya no le aprieta...

ACTOR 3º — Y está en la casilla.

ACTOR 2º — (*Al Actor 1º.*) ¿Vio como uno se acostumbra a todo?   120

ACTRIZ — Uno se acostumbra a todo...

ACTORES 2º y 3º — Amén...

ACTRIZ — Y él empezó a acostumbrarse.

ACTOR 3º — Entonces, cuando vea que alguien entra, me grita: ¡Guau... guau! A ver...   125

ACTOR 1º — (*El Actor 2º pasa corriendo.*) ¡Guau... guau!... (*El Actor 2º pasa sigilosamente°.*) ¡Guau... guau!... (*El Actor 2º pasa agachado.*) ¡Guau... guau... guau!... (*Sale.*)

ACTOR 3º — (*Al Actor 2º.*) Son diez pesos por día extras en nuestro presupuesto°...   130

ACTOR 2º — ¡Mmm!

ACTOR 3º — ...pero la aplicación° que pone el pobre, los merece...

ACTOR 2º — ¡Mmm!

ACTOR 3º — Además, no come más que el muerto°...   135

apenas... as soon as a worker retired, died, or was fired have fun, be happy (Argentine colloquial expression)

Se... Crouches
¿Tan... Is the little house too small for you?

¿Le... Is it too tight here?

silently

budget

zeal

the dead one

ACTOR 2º — ¡Mmm!

ACTOR 3º — ¡Debemos ayudar a su familia!

ACTOR 2º — ¡Mmm! ¡Mmm! ¡Mmm! (*Salen.*)

ACTRIZ — Sin embargo, yo lo veía muy triste, y trataba de
140 consolarlo cuando él volvía a casa. (*Entra Actor 1º.*) ¡Hoy vinieron
visitas!°...

ACTOR 1º — ¿Sí?

ACTRIZ — Y de los bailes en el club, ¿te acordás?°

ACTOR 1º — Sí.

145 ACTRIZ — ¿Cuál era nuestro tango?

ACTOR 1º — No sé.

ACTRIZ — ¡Cómo que no! "Percanta que me amuraste..."°
(*El Actor 1º está en cuatro patas.*) Y un día me trajiste un cla-
vel°... (*Lo mira, y queda horrorizada.*) ¿Qué estás haciendo?

150 ACTOR 1º — ¿Qué?

ACTRIZ — Estás en cuatro patas... (*Sale.*)

ACTOR 1º — ¡Esto no lo aguanto más! ¡Voy a hablar con el
patrón! (*Entran los Actores 2º y 3º.*)

ACTOR 3º — Es que no hay otra cosa...

155 ACTOR 1º — Me dijeron que un viejo se murió.

ACTOR 3º — Sí, pero estamos de economía°. Espere un
tiempito más, ¿eh?

ACTRIZ — Y esperó. Volvió a los tres meses.

ACTOR 1º — (*Al Actor 2º.*) Me dijeron que uno se jubiló°...

160 ACTOR 2º — Sí, pero pensamos cerrar esa sección. Espere
un tiempito más, ¿eh?

ACTRIZ — Y esperó. Volvió a los dos meses.

ACTOR 1º — (*Al Actor 3º.*) Deme el empleo de uno de los que
echaron° por la huelga°...

165 ACTOR 3º — Imposible. Sus puestos quedarán vacantes...

ACTORES 2º y 3º — ¡Como castigo°! (*Salen.*)

ACTOR 1º — Entonces no pude aguantar más... ¡y planté°!

ACTRIZ — Fue nuestra noche más feliz en mucho tiempo.
(*Lo toma del brazo.*) ¿Cómo se llama esta flor?

170 ACTOR 1º — Flor...

ACTRIZ — ¿Y cómo se llama esa estrella°?

ACTOR 1º — María.

ACTRIZ — (*Ríe.*) ¡María me llamo yo!

ACTOR 1º — ¡Ella también... ella también! (*Le toma una*
175 *mano y la besa.*)

ACTRIZ — (*Retira la mano.*) ¡No me muerdas°!

ACTOR 1º — No te iba a morder... Te iba a besar, María...

ACTRIZ — ¡Ah!, yo creía que me ibas a morder... (*Sale.*
Entran los Actores 2º y 3º.)

---

visitors

te...   Argentine form for
  te acuerdas

"Love, you abandoned me . . ."

carnation

de...   on a tight budget

se...   retired

were fired / por...   because of
  the strike

punishment

I quit

star

bite

ACTOR 2º — Por supuesto... 180

ACTOR 3º — ...a la mañana siguiente...

ACTORES 2º y 3º — Debió volver a buscar trabajo.

ACTOR 1º — Recorrí varias partes, hasta que en una...

ACTOR 3º — Vea, éste... no tenemos nada. Salvo que...

ACTOR 1º — ¿Qué? 185

ACTOR 3º — Anoche murió el perro del sereno.

ACTOR 2º — Tenía treinta y cinco años, el pobre...

ACTORES 2º y 3º — ¡El pobre!...

ACTOR 1º — Y tuve que volver a aceptar.

ACTOR 2º — Eso sí, le pagábamos quince pesos por día. 190
(*Los Actores 2º y 3º dan vueltas.*) ¡Hmm!... ¡Hmmm!... ¡Hmmm!...

ACTORES 2º y 3º — ¡Aceptado! ¡Que sean quince! (*Salen.*)

ACTRIZ — (*Entra.*) Claro que 450 pesos no nos alcanza para
pagar el alquiler°...

no... isn't enough to pay the rent . . .

ACTOR 1º — Mirá, como yo tengo la casilla, mudáte vos° a 195
una pieza con cuatro o cinco muchachas más, ¿eh?

tú (Argentine form)

ACTRIZ — No hay otra solución. Y como no nos alcanza
tampoco para comer...

ACTOR 1º — Mirá, como yo me acostumbré al hueso°, te voy
a traer la carne a vos, ¿eh? 200

bones

ACTORES 2º y 3º — (*Entrando.*) ¡El directorio accedió!°

¡El... The board of directors agreed!

ACTOR 1º y ACTRIZ — El directorio accedió... ¡Loado sea!°
(*Salen los Actores 2º y 3º.*)

¡Loado... Let them be praised!

ACTOR 1º — Yo ya me había acostumbrado. La casilla me
parecía más grande. Andar en cuatro patas no era muy diferente 205
de andar en dos. Con María nos veíamos en la plaza... (*Va hacia
ella.*) Porque vos no podés° entrar en mi casilla; y como yo no
puedo entrar en tu pieza... Hasta que una noche...

vos... you can't (Argentine form)

ACTRIZ — Paseábamos. Y de repente me sentí mal...

ACTOR 1º — ¿Qué te pasa? 210

ACTRIZ — Tengo mareos.°

Tengo... I'm dizzy.

ACTOR 1º — ¿Por qué?

ACTRIZ — (*Llorando.*) Me parece... que voy a tener un hijo...

ACTOR 1º — ¿Y por eso llorás?

ACTRIZ — ¡Tengo miedo..., tengo miedo! 215

ACTOR 1º — Pero, ¿por qué?

ACTRIZ — ¡Tengo miedo..., tengo miedo! ¡No quiero tener
un hijo!

ACTOR 1º — ¿Por qué, María? ¿Por qué?

ACTRIZ — Tengo miedo... que sea... (*Musita° "perro". El* 220
*Actor 1º la mira aterrado, y sale corriendo y ladrando. Cae al
suelo. Ella se pone de pie°.*) ¡Se fue..., se fue corriendo! A veces
se paraba°, y a veces corría en cuatro patas...

Musita she whispers

se... gets up

se... he stood up

ACTOR 1º — ¡No es cierto, no me paraba! ¡No podía pararme! ¡Me dolía la cintura° si me paraba! ¡Guau!... Los coches se me venían encima°... La gente me miraba... (*Entran los Actores 2º y 3º.*) ¡Váyanse! ¿Nunca vieron un perro?

ACTOR 2º — ¡Está loco! ¡Llamen a un médico! (*Sale.*)

ACTOR 3º — ¡Está borracho! ¡Llamen a un policía! (*Sale.*)

ACTRIZ — Después me dijeron que un hombre se apiadó de él°, y se le acercó cariñosamente°.

ACTOR 2º — (*Entra.*) ¿Se siente mal, amigo? No puede quedarse en cuatro patas. ¿Sabe cuántas cosas hermosas hay para ver, de pie°, con los ojos hacia arriba? A ver, párese... Yo lo ayudo... Vamos, párese...

ACTOR 1º — (*Comienza a pararse, y de repente°*): ¡Guau... guau!... (*Lo muerde.*) ¡Guau... guau!... (*Sale.*)

ACTOR 3º — (*Entra.*) En fin, que cuando, después de dos años sin verlo, le preguntamos a su mujer "¿Cómo está?", nos contestó...

ACTRIZ — No sé.

ACTOR 2º — ¿Está bien?

ACTRIZ — No sé.

ACTOR 3º — ¿Está mal?

ACTRIZ — No sé.

ACTORES 2º y 3º — ¿Dónde está?

ACTRIZ — En la perrera.

ACTOR 3º — Y cuando veníamos para acá, pasó al lado nuestro un boxeador...

ACTOR 2º — Y nos dijeron que no sabía leer, pero que eso no importaba porque era boxeador.

ACTOR 3º — Y pasó un conscripto°...

ACTRIZ — Y pasó un policía...

ACTOR 2º — Y pasaron..., y pasaron..., y pasaron ustedes. Y pensamos que tal vez podría importarles la historia de nuestro amigo...

ACTRIZ — Porque tal vez entre ustedes haya ahora una mujer que piense: "¿No tendré..., no tendré...?" (*Musita: "perro".*)

ACTOR 3º — O alguien a quien le hayan ofrecido el empleo del perro del sereno...

ACTRIZ — Si no es así, nos alegramos.

ACTOR 2º — Pero si es así, si entre ustedes hay alguno a quien quieran convertir en perro, como a nuestro amigo, entonces... Pero bueno, entonces esa... ¡esa es otra historia!

TELÓN°

Me... My back hurt
se... were going to run me over

se... took pity on him /
se... approached him kindly

de... standing up

de... suddenly

EJERCICIOS

I. Sustituciones

Escriba las frases siguientes, utilizando las expresiones en paréntesis y haciendo todos los cambios necesarios. (Fíjese sobre todo en las partes en negrilla.)

EJEMPLO: **Ayer** nos **contaron** la historia.
(Todos los días) **Todos los días nos contaban la historia.**

1. **Fue** nuestro amigo. Él **buscaba** trabajo y nosostros **éramos** actores.
(El narrador dice que pronto)
2. Antes yo no **mantenía** a mi mujer y **se moría** de hambre.
(Ahora)
3. **Cuando él era** joven, **soñaba** con la vida.
(Ahora, mientras que)
4. Todo **empezó** de la manera más corriente.
(Me negó que)
5. El jefe **dice** que no **hay** vacantes.
(El año pasado siempre)
6. **Antes** yo **conocía** esta triste historia.
(Ayer)
7. Esa noche **llovió**, y **tuve** que meterme en la casilla.
(Ahora mismo)
8. Yo **creo** que me **vas a** morder.
(Anoche)

II. Preposiciones

Utilice la preposición correcta en las frases siguientes, escogiendo entre **por, para, de, en** y **a.**

1. Cuatrocientos pesos no nos alcanza _____ pagar el alquiler.
2. Andar en cuatro patas no era muy diferente _____ andar _____ dos.
3. No puedes entrar _____ mi casa.
4. Cuando veníamos _____ acá, pasó al lado nuestro un boxeador.
5. Le dimos diez pesos _____ sueldo. Son diez pesos _____ día.
6. Lo echaron _____ la huelga.
7. Volvió _____ los tres meses.

III. Preguntas

1. ¿Cuántos actores hay en el drama? ¿Cuáles son sus nombres?
2. ¿Cuál de estos actores es el más importante? ¿Por qué?
3. ¿Cuál era el estado de ánimo del actor principal cuando comienza la historia? Explique sus razones.
4. ¿Quién es el actor tercero? Qué opina él acerca del actor principal?
5. ¿Qué oficio tiene el actor segundo? ¿De qué manera habla él?
6. ¿Desde hacía cuánto tiempo buscaba trabajo el actor primero cuando llegó a la fábrica?
7. ¿Qué clase de trabajo buscaba?
8. Explique cómo consiguió trabajo de perro guardián (watchdog).
9. Como perro, ¿cuáles eran las ventajas que él consiguió?
10. ¿Qué es lo que más le molestó con respeto a su casilla?
11. Como perro, ¿cuáles eran sus deberes? ¿Cuánto ganaba? ¿Alcanzó para pagar el alquiler?
12. ¿Qué es lo que él le propuso a su mujer como solución a sus problemas económicos?
13. ¿Cómo se arregla él para ver a su mujer de vez en cuando?
14. Al final, ¿por qué tiene miedo la mujer?

IV. Temas para conversación o para ensayos escritos

1. ¿Cómo definiría usted esta obra? (Por ejemplo, ¿es cómica? ¿triste? ¿exagerada? ¿irónica? etc.) Explique su respuesta.
2. ¿Cree usted que esta obra es una crítica de la sociedad contemporánea? ¿Puede usted explicar el tema de la obra?
3. ¿Cómo explica usted el hecho de que al final el hombre realmente parece ser convertido en perro? ¿Quién es el verdadero monstruo?
4. ¿Puede usted comparar esta obra con alguna obra que usted conoce de Kafka o de Ionesco (por ejemplo, *Metamorfosis* o *El rinoceronte*)?

PEDRO GIMFERRER

Born in Barcelona in 1945, Pedro Gimferrer is perhaps typical of the new generation of Spanish writers: alert, well informed, equally at home when discussing English novelists, French criticism, or the latest Latin American novel. As a writer of fiction, he has a penchant for fantasy and the supernatural, yet in all other respects his orientation is toward the rational. Gimferrer has studied both literature and law at the University of Barcelona. He is best known, however, for his work in the field of literature.

He is a critic for the prestigious magazine Destino *(contributing a weekly column) and has also published several books of poetry. One of them,* Arde el mar *("the sea burns"), which appeared in 1966, was immediately recognized as a masterpiece and earned Gimferrer the National Prize for Literature, an award given by the Spanish government on the advice of a committee of critics and professors of literature.*

Like so many other Catalan intellectuals, Gimferrer is bilingual: he writes in both Castilian (Spanish) and Catalan, which is the language he has chosen for his latest books of poetry.

When Gimferrer writes criticism, his mind is entirely analytical; but when he writes poetry or fiction, he becomes, at times, a different man. The logical connections and conclusions are still part of the text, but they are muted, and more often than not there is at least one element that verges on the absurd or impossible. It has been said that Gimferrer's art is that of making the wildest dreams appear possible and even plausible. The short story we have chosen, "En la cocina," is one of the best examples of the fantastic nature of much of Gimferrer's fiction.

EN LA COCINA

Esta mañana, en la cocina había una bestia: un oso hormiguero°, diríase. Al principio creí que lo soñaba. Me había quedado pesadamente dormido leyendo a Kafka, y conturbaban mi sueño dragones austrohúngaros. Pero eran bien reales las manos que me zarandeaban° y la fatiga perpendicular del pasillo°.

    La bestia se agazapaba° al fondo, cerca del lavadero°. Pensé si sería anfibia. No parecía peligrosa. En todo caso nada había hecho a María cuando, minutos antes, la descubrió al

oso... anteater

5 shook / corridor
se... was hiding / laundry room

lavar la vajilla°. La ventana estaba cerrada. Evidentemente sólo había podido entrar por la abertura° del ventilador°. Se me ocurrió abrirle la ventana. Pero no me constaba° que pudiera irse. Permanecía heladamente inmóvil, agitada solo por su respiración. Taz vez se hallaba herida, dormida o enferma. Por otro lado cabía° también que me atacase súbitamente. Reclinada
15 sobre sí misma como estaba, me era imposible ver la parte inferior de su cabeza. Su conformación° sugería una lengua vibrátil; acaso unos colmillos acuchillados°. Los ojos se me negaban° bajo un pelaje° oscuro y erizado°.

Quizá debía sacrificar° a la bestia. El revólver se imponía°
20 como único instrumento viable; estremecía° imaginar el desgarramiento° de aquella masa rugosa° bajo la incisión del metal. Pero un fallo° podía excitarla y, por lo demás, no había en casa revólver alguno. Encerrarla en la cocina perturbaría nuestro régimen doméstico, sin contar con que la prolongada reclusión
25 produce efectos del todo imprevisibles en algunas especies. Donde estaba no ocasionaba grandes trastornos°, así que resolví dejarla. Cuando volví al mediodía de mi habitual paseo, ya se había ido.

Esta noche ya la he oído jadear° bajo mi cama. Otras veces
30 me había llamado la atención este rumor; ahora me es fácil identificarla. Sin duda tiene algo que decirme, y aguarda la ocasión más propicia.

dishes
opening / fan
no... I wasn't positive

it was possible

shape
colmillos... sharp fangs
Los... I couldn't see its eyes / fur / covered with bristles
kill / asserted itself
I shuddered
tearing / wrinkled
miss

disturbances

pant

EJERCICIOS

I. Preguntas

1. ¿Quién fue el primero en encontrar la bestia?
2. ¿Cómo se supone que había entrado en la casa?
3. ¿Cuál era la actitud de la bestia?
4. ¿Qué temía el autor?
5. Haga usted un dibujo de la bestia y descríbala en algunas frases.
6. ¿Por qué no empleó el autor un revólver para matar al animal?
7. ¿Por qué no la encerraron en la cocina?
8. Por fin, ¿qué es lo que resolvieron hacer con la bestia?
9. Al final del cuento, ¿dónde se encuentra la bestia?
10. ¿Qué opina el autor acerca del motivo para que la bestia esté allí?

II. Temas para conversación o para ensayos escritos

1. ¿Cree usted que éste es un cuento de terror? Explique.
2. ¿Qué haría usted al encontrar un animal bien raro en su cocina?
3. El autor del cuento parece esperar que la bestia le dé un mensaje o que le diga algo. ¿Cree usted que los animales tienen un idioma y que podemos llegar a entenderlos? Explique.
4. Este cuento puede considerarse como incompleto. ¿Puede usted terminarlo en una página más?

HORACIO QUIROGA   (1878–1937)

*Horacio Quiroga, who was born in Uruguay, is one of the best-
known writers of short stories in Latin America. Strongly drawn to
the fantastic and morbid, Quiroga freely admitted his attraction to
the works of Edgar Allan Poe. And little wonder. His own life con-
tained many nightmarish events. At the age of twelve it was he who
discovered the body of his stepfather, a suicide. This was followed
by his accidental killing of a best friend, when a pistol went off
unexpectedly. Then came the suicide of his wife, his experimentation
with drugs, periods of solitude in the Argentine jungle of Misiones,
long bouts of illness, and finally his own predictable suicide, by
poison. Only his jungle stories for young readers, reminiscent of
Kipling, are largely free of the ever-present menace of horrible
death. In the works of Quiroga this subject is examined from all
possible perspectives—psychological, metaphysical, mythical,
realistic—and from the point of view of animals, of the young, and
of the old and wise.*

*The story that follows, "El almohadón de pluma," is typical of
this preoccupation with death and was included in his* Cuentos de
amor, de locura y de muerte, *first published in 1917. It is a Kaf-
kaesque tale with a surprise, but matter-of-fact, ending. Its last
paragraph almost approaches science fiction.*

EL ALMOHADÓN DE PLUMA°

El...   The feather pillow

luna...   honeymoon / chill
froze
soñadas...   childish fancies
shiver
cast / glance
stature / silent
sin...   without letting her know

happiness
open
tenderness / face

Su luna de miel° fue un largo escalofrío°. Rubia, angelical y
tímida, el carácter duro de su marido heló° sus soñadas niñe-
rías° de novia. Ella lo quería mucho, sin embargo, aunque a
veces con un ligero estremecimiento° cuando volviendo de
5 noche juntos por la calle, echaba° una furtiva mirada° a la alta
estatura° de Jordán, mudo° desde hacía una hora. Él, por su
parte, la amaba profundamente, sin darlo a conocer°.

Durante tres meses —se habían casado en abril—, vivieron
una dicha° especial. Sin duda hubiera ella deseado menos
10 severidad en ese rígido cielo de amor; más expansiva e incauta°
ternura°; pero el impasible semblante° de su marido la contenía
siempre.

La casa en que vivían influía no poco en sus estremecimientos. La blancura del patio silencioso —frisos, columnas y estatuas de mármol°— producía una otoñal impresión de palacio encantado. Dentro, el brillo glacial del estuco, sin el más leve rasguño° en las altas paredes, afirmaba aquella sensación de desapacible° frío. Al cruzar de una pieza a otra, los pasos hallaban eco en toda la casa, como si un largo abandono hubiera sensibilizado su resonancia.

En ese extraño nido° de amor, Alicia pasó todo el otoño. Había concluido, no obstante, por echar un velo° sobre sus antiguos sueños, y aún vivía dormida en la casa hostil, sin querer pensar en nada hasta que llegaba su marido.

No es raro que adelgazara°. Tuvo un ligero ataque de influenza que se arrastró° insidiosamente días y días; Alicia no se reponía° nunca. Al fin una tarde pudo salir al jardín apoyada° en el brazo de su marido. Miraba indiferente a uno y otro lado. De pronto° Jordán, con honda° ternura°, le pasó muy lento la mano por la cabeza, y Alicia rompió en seguida en sollozos°, echándole los brazos al cuello. Lloró largamente todo su espanto callado°, redoblando el llanto° a la más leve caricia° de Jordán. Luego los sollozos fueron retardándose, y aun quedó largo rato escondida en su cuello°, sin moverse ni pronunciar una palabra.

Fue ese el último día que Alicia estuvo levantada. Al día siguiente amaneció° desvanecida°. El médico de Jordán la examinó con suma atención, ordenándole calma y descanso absolutos.

—No sé —le dijo a Jordán en la puerta de calle—. Tiene una gran debilidad que no me explico. Y sin vómitos, nada... Si mañana se despierta como hoy, llámeme en seguida.

Al día siguiente Alicia amanecía peor. Hubo consulta. Constatóse° una anemia de marcha agudísima°, completamente inexplicable. Alicia no tuvo más desmayos°, pero se iba visiblemente a la muerte. Todo el día el dormitorio estaba con las luces prendidas y en pleno silencio. Pasábanse horas sin que se oyera el menor ruido. Alicia dormitaba°. Jordán vivía casi en la sala, también con toda la luz encendida. Paseábase sin cesar de un extremo a otro, con incansable obstinación. La alfombra° ahogaba° sus pasos. A ratos° entraba en el dormitorio y proseguía su mudo vaivén° a lo largo de la cama, deteniéndose un instante en cada extremo a mirar a su mujer.

Pronto Alicia comenzó a tener alucinaciones, confusas y flotantes al principio, y que descendieron luego a ras° del suelo. La joven, con los ojos desmesuradamente abiertos, no hacía sino mirar la alfombra a uno y otro lado del respaldo° de la cama. Una noche quedó de repente con los ojos fijos. Al rato°

marble

scratch

unpleasant

nest

por... forget

grew thin
se... prolonged itself
se... got better / leaning on

De... Suddenly / deep / tenderness
sobs

espanto... unspoken fright / sobbing / caress

escondida... pressed to his neck

she woke up / exhausted, drained of energy

It was diagnosed / de... rapidly developing
fainting spells

dozed

rug
muffled / A... At times
pacing

a... to the level

back
Al... In a short while

abrió la boca para gritar, y sus narices° y labios se perlaron
de sudor.

60 —¡Jordán! ¡Jordán! —clamó, rígida de espanto, sin dejar de
mirar la alfombra.

Jordán corrió al dormitorio, y al verlo aparecer Alicia lanzó
un alarido° de horror.

—¡Soy yo, Alicia, soy yo!

65 Alicia lo miró con extravío°, miró la alfombra, volvió a mirarlo,
y después de largo rato de estupefacta confrontación, volvió en
sí°. Sonrió y tomó entre las suyas la mano de su marido, acari-
ciándola por media hora temblando.

Entre sus alucinaciones más porfiadas°, hubo un antropoide
70 apoyado en la alfombra sobre los dedos, que tenía fijos en ella
los ojos.

Los médicos volvieron inútilmente. Había allí delante de
ellos una vida que se acababa, desangrándose° día a día, hora
a hora, sin saber absolutamente cómo. En la última consulta
75 Alicia yacía° en estupor mientras ellos la pulsaban°, pasándose
de uno a otro la muñeca° inerte. La observaron largo rato en
silencio, y siguieron al comedor.

—Pst... —se encogió de hombros° desalentado° el médico
de cabecera°.— Es un caso inexplicable... Poco hay que hacer...

80 —¡Sólo eso me faltaba!° —resopló° Jordán. Y tamborileó°
bruscamente sobre la mesa.

Alicia fue extinguiéndose en subdelirio de anemia, agravado
de tarde, pero que remitía siempre en las primeras horas. Durante el día no avanzaba su enfermedad, pero cada mañana
85 amanecía lívida, en síncope° casi. Parecía que únicamente de
noche se le fuera la vida en nuevas oleadas° de sangre. Tenía
siempre al despertar la sensación de estar desplomada° en la
cama con un millón de kilos encima°. Desde el tercer día este
hundimiento° no la abandonó más. Apenas podía mover la
90 cabeza. No quiso que le tocaran la cama, ni aún que le arregla-
ran el almohadón. Sus terrores crepusculares avanzaban ahora
en forma de monstruos que se arrastraban° hasta la cama, y
trepaban° dificultosamente por la colcha°.

Perdió luego el conocimeinto. Los dos días finales deliró sin
95 cesar a media voz°. Las luces continuaban fúnebremente encendidas en el dormitorio y la sala. En el silencio agónico de la
casa, no se oía más que el delirio monótono que salía de la
cama, y el sordo retumbo° de los eternos pasos de Jordán.

Alicia murió, por fin. La sirvienta, cuando entró después a
100 deshacer la cama, sola ya, miró un rato extrañada° el almohadón.

nostrils

scream

con... in confusion

volvió... became herself again

persistent

losing blood

lay stretched out / took her pulse
wrist

se... shrugged / discouraged
médico... family doctor
Sólo... That's all I needed! /
snorted / tapped his fingers

fainting spell
waves
collapsed
on top of her
sinking feeling

crawled
climbed / bedspread

a... in a whisper

sordo... dull echo

amazed

—¡Señor! —llamó a Jordán en voz baja—. En el almohadón hay manchas° que parecen de sangre.

stains

Jordán se acercó rápidamente y se dobló sobre aquél. Efectivamente, sobre la funda°, a ambos lados del hueco° que había 105 dejado la cabeza de Alicia, se veían manchitas oscuras.

pillowcase / depression

—Parecen picaduras° —murmuró la sirvienta después de un rato de inmóvil observación.

insect bites

—Levántelo a la luz —le dijo Jordán.

La sirvienta lo levantó; pero en seguida lo dejó caer, y se 110 quedó mirando a aquél, lívida y temblando. Sin saber por qué, Jordán sintió que los cabellos se le erizaban°.

se... stood on end

—¿Qué hay? —murmuró con la voz ronca°.

hoarse

—Pesa° mucho —articuló la sirvienta, sin dejar de temblar.

It weighs

Jordán lo levantó; pesaba extraordinariamente. Salieron con 115 él, y sobre la mesa del comedor Jordán cortó funda y envoltura° de un tajo°. Las plumas superiores volaron, y la sirvienta dio un grito de horror con toda la boca abierta, llevándose las manos crispadas° a los bandós°: —sobre el fondo, entre las plumas, moviendo lentamente las patas velludas°, había un animal 120 monstruoso, una bola viviente y viscosa. Estaba tan hinchado° que apenas se le pronunciaba° la boca.

ticking
with one slash

twitching / headbands
patas... hairy legs
bloated
se... could be seen

Noche a noche, desde que Alicia había caído en cama, había aplicado sigilosamente° su boca —su trompa°, mejor dicho— a las sienes° de aquélla, chupándole° la sangre. La 125 picadura era casi imperceptible. La remoción° diaria del almohadón sin duda había impedido al principio su desarrollo°; pero desde que la joven no pudo moverse, la succión fue vertiginosa. En cinco días, en cinco noches, había el monstruo vaciado a Alicia. 130

stealthily / proboscis
temples / sucking
fluffing
growth

Estos parásitos de las aves°, diminutos en el medio habitual°, llegan a adquirir en ciertas condiciones proporciones enormes. La sangre humana parece serles particularmente favorable, y no es raro hallarlos en los almohadones de pluma.

birds / en... in their normal environment

EJERCICIOS

I. Verbos

Sustituya la parte en negrilla en cada frase por uno de los verbos siguientes.

mejorarse, abrazar a, permanecer, susurrar (whisper), olvidar, llorar

EJEMPLO: Ella no **se reponía** nunca.
           Ella no se mejoraba nunca.

1. Ella **rompió en sollozos.**
2. Ella había concluido por **echar un velo sobre** sus sueños.
3. Él **echó los brazos al cuello de** su madre.
4. Él **se quedó** un rato con su mujer.
5. Los dos **hablaban a media voz.**

II. Modismos

Traduzca al español las frases en inglés, empleando los modismos o palabras siguientes en lugar de las partes en negrilla.

de pronto, a ratos, al rato, amanecer, dormitar, volver en sí, sin dejar de, sólo eso (me, te, le, etc.**) faltaba, chupar**

1. She **woke up** (feeling) ill.
2. **Suddenly,** she burst into tears.
3. **That was all I needed!**
4. The monster was sucking her blood (from her the blood).
5. **Without ceasing to** look at the rug, she opened her mouth (the mouth) to cry.
6. **At times she dozed.**
7. **In a while, she became herself again.**

III. Preguntas

1. ¿Desde cuándo estaban casados Jordán y Alicia?
2. ¿Cómo cambió ella físicamente dentro de poco tiempo?
3. ¿Qué sensación le dio a Alicia la casa donde vivían?
4. Al día siguiente de salir al jardín con Jordán, ¿cómo amaneció Alicia?
5. ¿Qué dijo el médico?
6. ¿Cómo sabemos que a Jordán le preocupaba la enfermedad de su mujer?
7. ¿Por qué miraba Alicia la alfombra?
8. ¿Puede usted describir los síntomas de Alicia?
9. ¿Qué vio en sus pesadillas?
10. ¿Por qué no cambiaron la cama de Alicia?
11. Al morir Alicia, ¿qué notaron la sirvienta y Jordán acerca del almohadón?
12. Explique la causa de la muerte de Alicia.

IV. Temas para conversación o para ensayos escritos

1. ¿Qué relación tiene este cuento con los cuentos de vampiros?
2. ¿Cuál es el sentimiento más fuerte de Alicia con respecto a Jordán, amor o temor?
3. ¿Qué importancia tiene la casa en este cuento?
4. Según lo que usted conoce acerca de los gusanos (worms), insectos, y parásitos en general, ¿es científica la explicación que el autor da de la muerte de Alicia?
5. ¿Cree usted que puede haber más de un monstruo en este cuento? ¿Quién será el segundo? Explique, citando frases en el cuento mismo.
6. En este cuento Alicia apenas habla. No conocemos del todo sus verdaderos sentimientos. ¿Podría usted escribir un monólogo interior de Alicia explicando más sus alucinaciones?

JORGE LUIS BORGES

Jorge Luis Borges is probably the most influential contemporary writer in the Spanish-speaking world. He is also almost certainly the one whose reputation has been most firmly established in Europe and the United States. He has brought to perfection the cosmopolitan spirit of his native Buenos Aires by expressing in his short stories our modern anguish with respect to infinity, and our sense of wonder at the power of human intelligence. Borges is a poet and a philosopher, a superb narrator of tales of mystery and imagination, and a matchless coiner of aphorisms.

Born in Argentina in 1899, Borges completed his secondary education in Geneva and then spent three years in Spain during which he was associated with a small group of avant-garde poets. After he returned to Buenos Aires in 1921, he wrote striking poetry in which nostalgia and modern images are harmoniously fused. Beginning in the thirties, Borges wrote short stories almost exclusively. Each of his tales is a miniature world—yet one into which a vast personal and intellectual experience is condensed. More recently he has also written parables and more poetry. His best-known books, such as Ficciones *(1945) and* El Aleph *(1949), express all the complexity and inner tension of his personality through tales that stretch our imagination—and our sense of wonder—to the limit.*

The story we include here was first published in El Aleph. *Since it has a surprise ending, it would be a mistake to discuss it in advance. We can give only one clue: Asterion's strange house was said to have existed a long time ago, at the time when Greek legends and myths took shape; both the house and the Temple of the Axes were supposed to be on the island of Crete.*

LA CASA DE ASTERIÓN

dio... gave birth to

> Y la reina dio a luz° un hijo que
> se llamó Asterión.
>
> APOLODORO*: *Biblioteca*, III, I.

arrogance

Sé que me acusan de soberbia°, y tal vez de misantropía, y
5 tal vez de locura. Tales acusaciones (que yo castigaré a su

Apollodorus, Athenian grammarian and authority on ancient mythology (c. 144 B.C.).

debido tiempo) son irrisorias°. Es verdad que no salgo de mi
casa, pero también es verdad que sus puertas (cuyo número es
infinito[1]) están abiertas día y noche a los hombres y también a
los animales. Que entre el que quiera. No hallará pompas mujeriles° aquí ni el bizarro aparato° de los palacios pero sí la
quietud y la soledad. Asimismo° hallará una casa como no hay
otra en la faz de la tierra. (Mienten los que declaran que en
Egipto hay una parecida.) Hasta mis detractores admiten que no
hay *un solo mueble* en la casa. Otra especie° ridícula es que yo,
Asterión, soy un prisionero. ¿Repetiré que no hay una puerta
cerrada, añadiré que no hay una cerradura°? Por lo demás°,
algún atardecer he pisado la calle; si antes de la noche volví,
lo hice por el temor que me infundieron° las caras de la plebe°,
caras descoloridas y aplanadas°, como la mano abierta. Ya se
había puesto el sol, pero el desvalido° llanto de un niño y las
toscas° plegarias° de la grey° dijeron que me habían reconocido. La gente oraba°, huía, se prosternaba°; unos se encaramaban° al estilóbato° del templo de las Hachas, otros juntaban
piedras. Alguno, creo, se ocultó bajo el mar. No en vano fue
una reina mi madre; no puedo confundirme con el vulgo°, aunque mi modestia lo quiera.

El hecho es que soy único. No me interesa lo que un hombre
pueda trasmitir a otros hombres; como el filósofo, pienso que
nada es comunicable por el arte de la escritura. Las enojosas° y
triviales minucias° no tienen cabida° en mi espíritu, que está
capacitado para lo grande; jamás he retenido la diferencia entre
una letra y otra. Cierta impaciencia generosa no ha consentido°
que yo aprendiera a leer. A veces lo deploro, porque las noches
y los días son largos.

Claro que no me faltan distracciones. Semejante al carnero°
que va a embestir°, corro por las galerías de piedra hasta rodar
al suelo, mareado°. Me agazapo° a la sombra de un aljibe° o a la
vuelta de un corredor y juego a que° me buscan. Hay azoteas°
desde las que me dejo caer, hasta ensangrentarme°. A cualquier
hora puedo jugar a estar dormido, con los ojos cerrados y la
respiración poderosa. (A veces me duermo realmente, a veces
ha cambiado el color del día cuando he abierto los ojos.) Pero
de tantos juegos el que prefiero es el de otro Asterión. Finjo°
que viene a visitarme y que yo le muestro la casa. Con grandes
reverencias le digo: *Ahora volvemos a la encrucijada° anterior*
o *Ahora desembocamos° en otro patio* o *Bien decía yo que te
gustaría la canaleta°* o *Ahora verás una cisterna° que se llenó de*

---

[1] El original dice *catorce,* pero sobran motivos° para inferir que, en boca de
Asterión, ese adjetivo numeral vale por° *infinitos.* [Note in original—Eds.]

	ridiculous
	pompas... female pomp / **bizarro...** lofty display likewise
	falsehood
	lock / **Por...** Besides
	me... inspired in me / common people flat
	helpless
	rude / supplications / faithful prayed / **se...** prostrated themselves **se...** climbed onto / stylobate (base for columns) **no...** I cannot be confused with the populace
	bothersome
	details / **no...** have no place
	no... has not permitted
	ram
	attack
	dizzy / **Me...** I crouch / pool **juego...** I pretend / roofs become bloody
	I pretend
	intersection
	come out
	drain / pool
	sobran... there is ample reason **vale...** stands for

arena o *Ya verás cómo el sótano° se bifurca°.* A veces me equivoco y nos reímos buenamente° los dos.

50   No sólo he imaginado esos juegos; también he meditado
sobre la casa. Todas las partes de la casa están muchas veces°,
cualquier lugar es otro lugar. No hay un aljibe, un patio, un
abrevadero°, un pesebre°; son catorce [son infinitos] los pese-
bres, abrevaderos, patios, aljibes. La casa es del tamaño del
55 mundo; mejor dicho, es el mundo. Sin embargo a fuerza de
fatigar° patios con un aljibe y polvorientas° galerías de piedra
gris he alcanzado la calle y he visto el templo de las Hachas y
el mar. Eso no lo entendí hasta que una visión de la noche me
reveló que también son catorce [son infinitos] los mares y los
60 templos. Todo está muchas veces, catorce veces, pero dos
cosas hay en el mundo que parecen estar una sola vez: arriba,
el intrincado° sol; abajo, Asterión. Quizá yo he creado las estrellas y el sol y la enorme casa, pero ya no me acuerdo.

    Cada nueve años entran en la casa nueve hombres para que
65 yo los libere de todo mal°. Oigo sus pasos o su voz en el fondo
de las galerías de piedra y corro alegremente a buscarlos. La
ceremonia dura pocos minutos. Uno tras otro caen sin que yo me
ensangrente las manos. Donde cayeron quedan, y los cadáveres ayudan a distinguir una galería de las otras. Ignoro quiénes
70 son, pero sé que uno de ellos profetizó, en la hora de su muerte,
que alguna vez llegaría mi redentor°. Desde entonces no me
duele° la soledad, porque sé que vive mi redentor y al fin se
levantará sobre el polvo. Si mi oído alcanzara todos los rumores
del mundo, yo percibiría sus pasos. Ojalá me lleve a un lugar
75 con menos galerías y menos puertas. ¿Cómo será mi redentor?,
me pregunto. ¿Será un toro o un hombre? ¿Será tal vez un toro
con cara de hombre? ¿O será como yo?

    El sol de la mañana reverberó en la espada de bronce. Ya no
quedaba ni un vestigio de sangre.

80   —¿Lo creerás, Ariadna? —dijo Teseo—. El minotauro* apenas se defendió.

A Marta Mosquera Eastman.

* Minotaur: according to Greek legend, Minos, a great king of Crete in ancient
times, married Pasiphae, daughter of the Sun, and had two daughters by her,
Ariadne and Phaedra. He refused to sacrifice to Poseidon, as he had promised,
a beautiful bull that the god had sent him; then, in order to punish him, Poseidon
made Pasiphae fall in love with the bull, and she gave birth to a monster with the
head of a bull and a man's body, known as the Minotaur (Asterion is but another
name for the monster). Daedalus, a clever Athenian, devised a labyrinth (Asterion's palace) in the center of which the monster was kept. Here he devoured the
maids and youths sent by Athens as a tribute until the Athenian hero, Theseus,
killed him, with the help of Ariadne.

EJERCICIOS

I. Verbos

Ponga el infinitivo adecuado en su forma debida.

EJEMPLO: Si mi oído _____ todos los rumores del mundo, yo
_____ sus pasos. (alcanzar, percibir)

Si mi oído alcanzara todos los rumores del mundo, yo percibiría sus pasos.

1. Si _____ mi redentor, le _____ a encontrar con los brazos abiertos. (llegar, ir)
2. Si _____ mejor mi historia, ellos _____ que no soy prisionero. (conocer, saber)
3. Si no _____ miedo a las caras descoloridas, yo _____ más a menudo. (tener, salir)
4. Si yo _____ leer, no _____ tan aburridos los días. (saber, ser)
5. Si él _____ conocer al otro Asterión, _____ mucho más feliz. (poder, ser)

II. Verbos

Ponga el infinitivo adecuado en su forma debida.

EJEMPLOS: A veces me pregunto, ¿Cómo _____ mi redentor? (ser)
A veces me pregunto, ¿Cómo será mi redentor?
Ojalá que juntos nosotros _____ a un lugar con menos galerías. (ir)
Ojalá que juntos nosotros vayamos a un lugar con menos galerías.

1. Entran en casa nueve hombres para que yo les _____ en todo. (servir)
2. No es verdad que las puertas _____ abiertas día y noche. (estar)
3. Es intolerable que yo, Asterión, _____ un prisionero en esta casa. (ser)
4. Aunque tú me lo _____, no puedo confundirme con el vulgo. (pedir)
5. No hay un patio que yo no _____. (conocer)
6. Uno tras otro _____ sin que yo _____ que hacer nada. (desaparecer, tener)

7. Es cierto que nunca _____ de mi casa. (salir)
8. Que _____ el que _____. (venir, querer)
9. Que _____ los que _____. (hablar, protestar)
10. Todavía no estoy seguro. ¿_____ al fin el otro Asterión? (venir)
11. Mi padre no ha consentido que yo _____ a leer. (aprender)
12. Pero niego que me _____ distracciones. (faltar)
13. Mañana tú _____ como el sótano _____. (ver, bifurcarse)

III. Vocabulario y definiciones

Termine cada frase con una palabra del texto.

1. Para cerrar bien una puerta se necesita _____.
2. La parte más baja de una casa es _____.
3. Cuando se dirige la gente a Dios lo que hacen es _(verbo)_.

IV. Preguntas

1. ¿Por qué nos dice Asterión que no es un prisionero?
2. ¿Sale con frecuencia de su extraña casa? Si no lo hace, ¿por qué motivo?
3. ¿Podría usted describir los muebles de esta casa?
4. ¿Qué aspectos agradables tiene esta casa?
5. ¿Cuál es el juego favorito de Asterión?
6. ¿Cuáles son las dos cosas que Asterión afirma son únicas en el mundo?
7. ¿Qué les ocurre a los nueve hombres que visitan a Asterión cada nueve años?
8. ¿A quién espera con impaciencia Asterión?
9. ¿Qué le gustaría a Asterión pedirle a su redentor?
10. ¿Por qué dice Teseo, al final del cuento, que el minotauro apenas se defendió? ¿Cómo se explica esta actitud del minotauro?

V. Temas para conversación o para ensayos escritos

1. Si consideramos que detrás de los mitos y las leyendas antiguas puede encontrarse una descripción simbólica, pero verdadera, de algún rasgo de la mente o los sentimientos del hombre, ¿qué simbolizará el minotauro, y por qué motivos?
2. Algunos seres fabulosos son más terribles que otros. ¿Por qué es más aterrador, en principio, un minotauro que una sirena o un centauro?

3. ¿Qué semejanza hay entre este mito descrito por Borges y la historia de la conquista de México por Cortés? (Nos referimos al mito de Quetzalcóatl.)
4. Aparte de su apariencia, ¿qué otros rasgos de monstruosidad tiene el narrador de este cuento?
5. ¿Cómo cambia este cuento nuestra imagen de Teseo?

5

El
Doble

La idea del doble es a la vez sencilla y misteriosa. La naturaleza ofrece numerosos ejemplos de simetría: en biología, los geme-los°; en física, los polos magnéticos; en geología, los cristales. ¿Existe la antimateria? Quizá cada uno de nosotros tiene un doble exactamente igual, que existe en otro tiempo, o en otra dimensión. Es posible creer que en nuestro interior se encuentran potencialidades no desarrolladas que forman una persona-lidad, nuestro doble o sombra, síntesis de todas las caracterís-ticas inconscientes o reprimidas. Según Jung, esta personali-dad reprimida —a la vez positiva y negativa— se expresa en sueños, fantasías y obras literarias. Edgar Allan Poe, Jorge Luis Borges y Robert Louis Stevenson son grandes creadores de dobles literarios. (¿Quién no ha oído hablar del Dr. Jekyll y Mr. Hyde?)

Quizá todas las representaciones del doble tienen algo en común: son síntomas de que empezamos a dudar de la unidad y la indivisibilidad del ser humano (y de su visión del mundo). Si se ha podido decir que el diablo "es la otra cara de Dios", ¿por qué creer que el hombre es único e indivisible? Seguimos bus-cando un eje° a nuestra personalidad, queremos identificarnos con un alma inmutable. Pero lo que sabemos de nuestro mundo interno —gracias a la psicología— y del mundo externo —gra-cias a la física y la astronomía— nos hace sospechar que la unidad se divide y se subdivide, hasta que nos sentimos perdi-dos en un polvo de sensaciones, una infinidad de partículas, un laberinto de espejos. En el primer cuento que presentamos, la difusión de un hombre en sus dobles queda detenida al final: el hombre regresa (para morir) a la relativa comodidad de una sola personalidad. En el segundo relato se narra el destino de un hombre aplastado° por su doble.

twins

axis

crushed

ROBERTO RUIZ

Roberto Ruiz was born in Madrid in 1925 and left Spain with his family at the end of the Civil War, in 1939. He lived in France and then in Mexico, where he received his degree in philosophy; he has now settled in the United States as a professor of Spanish literature at Wheaton College in Massachusetts. His novels include Plazas sin muros, El último oasis *and* Los jueces implacables. *Some of his short stories are collected in one volume,* Esquemas, *but others can be found in literary magazines both in Mexico and in Spain. The one we include here was written expressly for this book.*

This story, Ruiz relates, is based on historical fact—namely, that practically all the secret agents sent by Germany to England during World War II were known to British counterintelligence and that the information they sent back to Germany was usually false, and in fact supplied by British intelligence. One of these German spies, a Spaniard, was decorated simultaneously by the Germans with an Iron Cross and by the British with the Order of the British Empire. This was the source of the story. Everything that follows, of course —the identity crisis, the flirtation with suicide, and so on—is of Ruiz's invention.

The literary heritage of the tale is evident: Kafka, Pirandello, Unamuno, Borges. Ruiz writes that the problem of personal identity has always fascinated him. But until "Los espías invisibles" he had treated the theme on a philosophical and expository level. This tale represents the first time that he has cloaked it in an atmosphere of magic or of "the twilight zone."

The action of Ruiz's story begins just at the start of the Spanish Civil War.

LOS ESPÍAS INVISIBLES

En julio de 1936 Pedro Ortiz acababa de cumplir veinticuatro años. Su madre y sus tres hermanas, alarmadísimas, empezaron a ponerle velas° a San Julián para que no llevaran a Pedrito al frente de guerra. Su padre, acaudalado° comerciante en lanas y
5   algodones, encontró una solución mucho más práctica.

Pedrito había hecho mediocres estudios de bachillerato, y se había negado a seguir la carrera de profesor mercantil que su padre le había escogido. Por las mañanas ayudaba un poco en la tienda; por las tardes se iba con los amigos a beber vino y a
10 jugar al tute°. Era lo que tantas veces se ha llamado "un hombre

ponerle... light candles
wealthy

Spanish card game

sin fundamento°''. El padre se desesperaba, pero con tal de no reñir° para siempre con su hijo varón, callaba y consentía.

Llegó el año de gracia de 1936, y el árido mes de julio, y la inesperada resistencia del gobierno de la República. La madre y las hermanas recorrían la casa dando gritos, haciendo aspavientos° y prodigando preces° a Nuestro Señor y a la Virgen del Carmen[1] y a San Julián Hospitalario[2]. El padre, más tranquilo, se puso al habla con ciertos caballeros. Uno tenía vara alta° en Falange Española[3] y dio entrada a Pedrito en las gloriosas filas. Otro era director y administrador de "El Correo del Duero" y nombró a Pedrito corresponsal de guerra.

El falangismo le hizo poca gracia° a Pedro Ortiz. Lo de enchufarse° la camisa azul y desfilar con el brazo en alto era una lata°. En cambio, la corresponsalía° de guerra sí le trajo inesperados beneficios.

Ni que decir tiene° que no había que acercarse a la línea de fuego ni exponerse a un cañonazo en las tripas°. Bastaba con acompañar a los oficiales, comer a su mesa, contarles chistes°, y redactar despachos° como éste: "Las valerosas tropas nacionales entraron hoy en San Pololo°, liberando a sus habitantes de la barbarie marxista. La operación, dirigida y organizada en su totalidad por el general Fulánez°, fue un éxito completo de estrategia y de táctica".

A los dos o tres meses de andar en esto, Pedro conoció a un tipo interesante, un teniente alemán de las fuerzas blindadas°. Por un capricho° de la química humana, congeniaron°. El teniente no hablaba español, de modo que se entendían en francés (la única asignatura° que a Pedro se le había dado bien en el instituto). Hablaban sobre todo de estrategia, no la falsa estrategia con que había derrotado° el general Fulánez a los cuatro desarrapados° de San Pololo, sino la verdadera, la que se empleaba en las grandes batallas. El teniente recomendó a su amigo que leyera a Clausewitz, a Moltke, a Liddell Hart[4], y

---

substance
quarrel

wild gestures / prayers

tenía... had powerful connections

did not interest
putting on
nuisance / la... his position as a correspondent

Ni... it goes without saying
guts
jokes
redactar... draft reports
fictional town in Spain

el... General So-and-So

armored
whim / they hit it off

subject

defeated
ragged soldiers

---

[1] Famous image of the Virgin in Seville.
[2] Catholic saint.
[3] **Falange Española:** a political party of the right—modeled after the Fascist and Nazi parties—founded by Primo de Rivera in 1933. The Falange played an active role in Franco's uprising and in the Civil War, and was the only political party permitted by the Franco regime after the war ended.
[4] Clausewitz, Karl von (1780–1831), famous Prussian general and author of a three-volume book on warfare, *Vom Kriege*, 1832.
Moltke, Baron Helmuth Carl Bernhard (1800–1891), Prussian soldier who published many studies of his campaigns, as for example, *The Campaign of 1866 in Germany*, 1867.
Liddell Hart (b. 1895), British authority on modern warfare, who has published a history of the Second World War.

ofreció prestarle los libros; lo malo era que Pedrito ignoraba el
45 alemán y el inglés. En un viaje que hizo a Salamanca se compró
dos gramáticas y dos diccionarios, y a la tarea°, señores. Por
primera vez en su vida había encontrado Pedro Ortiz algo en
que entusiasmarse.

Pero acabó la guerra. El general Fulánez y sus compañeros
50 llevaron a buen fin° su cruzada salvadora, al económico precio
de quinientas mil vidas; el teniente, ascendido a capitán, se
volvió con sus tanques y sus libros a Alemania, y Pedrito, cargado de aplausos, no tuvo más remedio que regresar al mostra-
dor° paterno. Pronto se dio cuenta de que aquello no era ya para
55 él. Ni las mentiras del comercio ni la retórica del periodismo le
llenaban la imaginación; necesitaba riesgos y aventuras: se
había asomado al mundo. Siguió estudiando alemán e inglés;
tomó por correspondencia un curso de radiotelefonía; aprendió
Morse, transposiciones, claves° circulares. A principios de 1940
60 se presentó en la embajada alemana y ofreció sus servicios al
Tercer Reich.

Estaba mejor preparado que muchos, y tenía pasaporte neutral: le mandaron a Inglaterra. Su itinerario, Madrid–Lisboa–
Dublin–Liverpool–Londres. Su deber°, transmitir informes
65 acerca de las actividades bélicas° de los Aliados, sobre todo en
el ramo° de la aviación. Su modus operandi, radiotelefonía y
entrevistas° personales. Su disfraz°, importador de vinos españoles y portugueses. Su nombre de guerra, "Sigmund".

¡Sigmund! Sigmund tenía que ser un tipo grande, fuerte y
70 rubio, a diferencia de Pedrito Ortiz, que era de mediana estatura, delgado y moreno. Sigmund tenía que reírse con vigor y
entusiasmo, echando atrás el fornido° torso, dándose palmadas°
en los muslos°. Sigmund se pasaría las noches en oscuras
tabernas, bebiendo incansablemente ginebra° y ron. Sigmund
75 cruzaría al amanecer las viejas y húmedas ciudades británicas
en busca del número secreto, del rumor definitivo, de la fórmula
apocalíptica. En el largo viaje de Madrid a Lisboa a Dublin a
Liverpool a Londres Pedro Ortiz no hizo más que pensar en
Sigmund, inventarle una historia, construir la compleja gramá-
80 tica en que Sigmund bebedor, Sigmund potente, Sigmund in-
vencible había de encerrar y comprimir° sus mensajes al alto
mando del Imperio Alemán.

Le habían dicho que en la estación le esperaría un taxi de
tales y cuales señas°. El taxista, un irlandés nervioso y asusta-
85 dizo, recomendó una casa de huéspedes° de Maida Vale, pro-
piedad de una señora anciana. Para allá se encaminó Sigmund
con sus dos maletas°; al llegar, el irlandés le entregó una más.
¿Qué había dentro? Un excelente aparato radiotransmisor.

a... he set himself to work

llevaron... carried to completion

counter

codes

mission
military (*lit.*, warlike)
branch, field
interviews / disguise, cover

muscular / slaps
thighs
gin

compress

tales... such and such description
casa... guesthouse

suitcases

El cuarto era muy agradable, y la cama, aunque estrecha, cómoda. Pedro se acostó en seguida y durmió hasta las diez de la mañana. Acababa de afeitarse° cuando llamaron a la puerta. La patrona quizá, con el desayuno. Pero no; no era la patrona. Era la policía. A las doce horas de haber entrado° en Londres, el espía Sigmund estaba en la cárcel°.

Las hipótesis le mareaban°. ¿Le habría delatado° el taxista? ¿Le habrían enviado los alemanes a una trampa segura? ¿Andarían mejor informados de lo que se creía los contraespías británicos? ¿No le habrían confundido con otra persona? A la perplejidad sucedió el miedo: le iban a fusilar, a quemar vivo, a aplicar el tormento del agua. Y él, ¿qué iba a revelar? No sabía nada de nada: ni siquiera había empezado a enterarse. Era un pobre hombre.

Todos sus temores resultaron injustificados. Un simpático oficial, el comandante Hobson, le trajo cigarrillos y chocolate, le contó una serie de anécdotas de la otra guerra, y le hizo una proposición muy tentadora. Volver al cuartito de Maida Vale; instalar el aparato de radio; ponerse al habla con los nazis como si nada hubiera ocurrido, y enviarles informes proporcionados por el Servicio Británico de Inteligencia.

Sigmund lo pensó mucho. Se trataba, al fin y al cabo, de una traición. Pero aceptó. ¿A él qué le importaban los ingleses y los alemanes y los chinos? El caso era salvar la pelleja° y disfrutar de relativa libertad. Al día siguiente estaba de vuelta en Maida Vale, con una licencia de importador, una cuenta corriente° en el banco, y un nuevo nombre: "Ruler".

Ruler para los ingleses, pero todavía Sigmund para los alemanes, y no podían confundirse las dos identidades, las dos voces, los dos estilos. Había que constituir claramente a Ruler. Ruler quiere decir regla; también quiere decir príncipe o soberano. Ruler sería un individuo firme, ecuánime, calculador: un verdadero jefe. No se le permitirían vicios ni debilidades: como mucho°, la pipa de campaña que fumaba el comandante Hobson. Educado en la máxima disciplina, acostumbrado a las privaciones y a los peligros, Ruler encarnaría la sequedad y la fuerza de su raza.

Así corrió el terrible invierno de 1940, y la trágica primavera de 1941. Dos o tres veces al mes el comandante Hobson le facilitaba a su agente Ruler, en pequeñas fondas° de pueblo, en apartadas° estaciones de ferrocarril, falsos proyectos y míticas cifras que Ruler escuchaba y apuntaba atentamente, mordisqueando° el caño° de la pipa. Luego Sigmund, jovial, entre bromas y chistes, lo remitía todo a su destino.

A mediados del 41, Hobson presentó unos planos de apa-

rente valor estratégico, que Sigmund no habría podido conse-
135 guir en el curso normal de sus actividades. Para no infundir
sospechas°, fue preciso inventar un sub-agente. Sigmund llamó
por radio a los alemanes y les pidió permiso para reclutar un
colaborador, dinero para pagarle y nombre supuesto. Así nació
Bauer. Pero los alemanes conocían a Sigmund, le habían visto,
140 sabían quién era; Bauer, de quien no sabían nada, tenía que
resultarles mucho más convincente. Los planos procedían de
una fábrica de aviones: Bauer recibió pues el título de ingeniero
aeronáutico. Se le hizo galés° y un tanto separatista, impaciente,
irascible, desengañado° del mundo y de la profesión. Después
145 de haberlo caracterizado en estos términos, Sigmund tuvo que
tranquilizar a sus jefes y comprometerse personalmente a vigilar
y dominar a Bauer.

Los acontecimientos de la guerra engendraron otros sub-
agentes ficticios. De las batallas navales de 1942 surgió Luto-
150 slaw, segundo oficial de un destructor°, joven de buena familia
obligado al espionaje por las deudas del juego° y las exigencias
de una cantante de cabaret. Una serie de indiscreciones diplo-
máticas produjo a Schatzerl, muchacha francesa de origen ruso
que trabajaba de intérprete en una embajada neutral. Schatzerl
155 padecía° una lesión pulmonar agravada por el clima de Londres, y se consolaba comprando libros caros que leía en voz
alta, por las noches, a la luz de una vela. Y en 1943, con la
aparición de unos informes complejos y delicadísimos, entró en
escena Gottlieb, un profesor de Cambridge abrumado° de in-
160 quietudes místicas y resuelto a impedir que la pérfida Albión° y
sus impíos aliados acabaran con la cultura de la voluntad.

Sigmund atendía a todos estos dispares individuos, escuchaba sus cuitas° y sus quejas, remediaba sus múltiples necesi-
dades con el bendito dólar y la gloriosa libra, y transmitía en su
165 nombre los planes de campaña, las listas de efectivo° y las fórmulas de armamento que aportaba° Ruler. En abril de 1944,
Pedro tuvo que viajar a Lisboa a examinar una nueva marca de
vinos, y Sigmund aprovechó la ocasión para ir a la embajada
alemana a visitar al agregado naval, que era el enlace de la
170 Abwehr°. Este distinguido funcionario le felicitó por la magnífica
labor que venía realizando, y le preguntó muy en secreto si
sabía en qué parte del continente iban a desembarcar las tropas
aliadas. Sigmund contestó que, precisamente ayer, su em-
pleada Schatzerl había interceptado unos mensajes diplomáti-
175 cos de los Estados Unidos. Todo parecía sugerir un desembarco
en el Paso° de Calais. Elemento utilísimo, esta Schatzerl: lástima
que estuviese tan neurasténica° y que se hubiera vuelto, en

---

infundir... arouse suspicion

Welsh
disillusioned

destroyer
deudas... gambling debts

was suffering from

overwhelmed
England

troubles

listas... accounts
provided

German intelligence

strait
estuviese... was so given to neurotic illnesses

---

fechas recientes, tan codiciosa°. Nada le bastaba: ahora, además de libros, pedía tapices°, cuadros, bibelots° y otras cosas igualmente imposibles. Bauer y Lutoslaw también preocupaban a Sigmund: había cometido el error de citarlos juntos° y casi habían llegado a las manos°; difícil imaginar temperamentos menos concordes. En cambio Gottlieb era un alma de Dios, y a pesar de sus chifladuras° (creer, por ejemplo, que el universo tenía un sistema circulatorio como el de los seres vivos) sabía horrores° de física y de termodinámica.

El agregado naval aguantó este discurso con aire benévolo, y luego dijo que el Fuehrer y la Abwehr y la nación germánica confiaban en Sigmund para coordinar y aprovechar los esfuerzos de aquella extraña cuadrilla°. Paciencia, tolerancia: no se podía esperar de los espías profesionales el equilibrio y la normalidad del buen ciudadano.

En Londres, el comandante Hobson se alegró mucho de que Sigmund hubiera hablado del Paso de Calais, pero no quiso revelarle a Ruler el verdadero objetivo de la invasión. Ruler se ofendió: todavía sospechaban de él los ingleses. No obstante, siguió luchando, viajando, leyendo, apuntando, observando, citándose con Gottlieb en los prados° de St. Ives, con Schatzerl en la estación del metro de Acton Town, con Bauer en los bares de Bristol, con Lutoslaw en los prostíbulos° de Hull, con Sigmund en el piso de Maida Vale. Desde su atalaya° de ficciones presenció° el desembarco en Normandía, la caída de París, el cruce del Rin, el bombardeo de Dresden, la destrucción de Alemania.

A fines de abril, Sigmund hizo otro viaje a Lisboa. Le embajada era un desbarajuste°. Aquello estaba en las últimas. El agregado naval le abrazó, al filo del llanto°. "Kaputt, mein lieber Sigmund; ganz kaputt."° Luego, con un gesto conmovido, le entregó° un pequeño estuche°. ¡Era la Cruz de Hierro! Explicó el funcionario que el Tercer Reich quedaba eternamente agradecido° a Sigmund, que el Fuehrer en persona habría deseado condecorarle, pero que en las actuales circunstancies... Se despidieron como dos condenados a muerte.

Cuando lo supo el comandante Hobson, soltó una carcajada° tan rotunda que se le cayó la pipa de la boca. ¡Ironía, ironía! Ruler estaba propuesto para la Orden del Imperio Británico. Su Majestad el Rey Jorge le había incluido en el ceremonial del Día de la Victoria.

Recibió Ruler la presea° bajo los clarines° y campanas que festejaban el fin de la Segunda Guerra Mundial. En la habitación de Maida Vale le aguardaba Hobson, que le estrechó la mano,

greedy

tapestries / knickknacks

citarlos... making an appointment with them at the same time and place
come to blows

eccentricities

enormous amounts

gang

gardens

houses of prostitution
watchtower
witnessed

chaos
al... on the verge of tears
Kaputt... *This is the end, my dear Sigmund, all is finished.*
handed / small case

grateful

burst of laughter

medal / trumpets

le dio nueve billetes de cien libras y le confiscó el radiotransmisor. Los servicios de Ruler al Reino Unido de la Gran Bretaña habían terminado. "¿Y qué hago ahora?" preguntó Ruler...
225 "Nada: gastarse el dinero, olvidar lo que sabe, y vivir."

Olvidar no era fácil, y vivir tampoco. La cosa empezó con las malditas° condecoraciones. Ruler se había empeñado en° lucir la suya, y Sigmund no quiso ser menos. Pasaba Sigmund por una crisis de conciencia: se acusaba de la derrota de Alemania,
230 y no podía ver con buenos ojos que Ruler presumiera° de vencedor. Así que la Cruz de Hierro salió a exhibirse por las destrozadas calles de Londres.

Entonces protestaron Bauer y Lutoslaw. Los dos eran envidiosos por naturaleza: Bauer le envidiaba a Lutoslaw su árbol
235 genealógico y sus hazañas° viriles; Lutoslaw a Bauer su solvencia económica y sus conocimientos técnicos. Ahora dieron en decir que también ellos merecían condecoración. Ruler y Sigmund se opusieron, y allí fue Troya°: como locos se liaron los cuatro a discutir° y a vociferar en plena calle. Se agolpó la
240 gente°; vino la policía; una vergüenza, un escándalo. Por fin se resolvió el asunto con sendas° medallas para Bauer y Lutoslaw, fabricadas con tapones° de cerveza y cintas de envolver°.

Schatzerl no quería medallas; sólo se le antojó un anillo de bisutería° que vio en un escaparate°, y hubo que entrar a comprárselo. Luego no le iba bien: de pronto° se le habían puesto
245 los dedos gruesos y nudosos°, como los de un hombre. Schatzerl, además, descuidaba mucho su salud: fumaba continuamente, y se pasaba las noches casi en vela°, tosiendo.

Pero el caso más lastimoso era el del pobre Gottlieb. No
250 cabía duda de que estaba perdiendo la razón. En Hyde Park un día se tiró boca abajo° y empezó a comer hierba°, con objeto de absorber los jugos naturales. Y como había tomado rabia a° los uniformes, en cuanto veía a un conserje° o a un bombero° se iba derecho a él y le insultaba, llamándole hipócrita y enemigo de
255 la libertad. Otras veces le entraban accesos de melancolía y no se levantaba del sillón en toda la tarde: suspiraba, bebía whisky con jarabe de menta° y trataba de reproducir a garabatos° sus olvidadas fórmulas matemáticas.

¿Qué hacer con todos aquellos desdichados? No sólo se
260 molestaban y zaherían°, sino que podían volverse peligrosos, agredirse, matarse. Cada uno aprendió a recelar° de los demás, de sí mismo, de su propia sombra, y brotó° el terror. Un día de niebla° por la calle era una tortura: estremecerse de paso en paso°, procurando ahogar el grito que subía de las entrañas°
265 como un vómito, y las noches, nubladas también de una humareda espesa y venenosa° como el gas mostaza°, acababan en

malditas accursed / **se...** wanted at all costs

en... gave himself airs

presumiera gave himself airs

hazañas deeds

allí fue... trouble started
se... they started to argue
Se... A crowd gathered
sendas for each
tapones bottle caps / **cintas...** decorative ribbons

se... wanted a costume-jewelry ring / **escaparate** shop window
de pronto suddenly
se... her fingers had become thick and bony

en... sleepless

se... threw himself face down / **hierba** grass
había... had begun to hate
conserje doorman / **bombero** fireman

jarabe... mint syrup / **garabatos** scribblings

se... insulted and attacked each other
recelar mistrust
brotó broke loose
niebla fog
estremecerse... to shudder from step to step / **entrañas** guts
humareda... thick and poisonous smoke / **gas...** mustard gas

vértigos fríos y en mudos cantos de sirena° hacia la gran ciudad   **cantos...** siren songs
derruída y hostil.

No había más remedio que eliminar a aquella gente. Y el
eliminador más adecuado iba a ser Ruler, el sereno Ruler, el   270
enérgico Ruler, que además tenía un arma: un revólver que el
comandante Hobson había olvidado decomisarle°.   take away

Para la ejecución de la tarea Ruler escogió el día de Navi-
dad, aprovechando que los londinenses°, amargados y estraga-   people of London
dos° por seis años de guerra, buscaban la ilusión de la paz y el   275   corrupted
amor. Se asomó primero a la ventana. En las esquinas, grupos
de niños arropados° hasta las orejas cantaban villancicos°; en   bundled up / carols
las iglesias se desparramaba° el sonido apacible° y fatigado de   disseminated / gentle
los carillones; en la plazuela aparecía de pronto una procesión
de mutilados, avanzando despacito sobre sus muletas° y agra- 280   crutches
deciéndole al Señor el privilegio de seguir con vida. Observó
Ruler que sus enemigos flotaban juntos como una bandada de
siniestros pájaros, y calculó que bastaría una bala. Cargó pues
el revólver, movió el cilindro, apuntó y disparó.

No murieron todos al mismo tiempo ni del mismo modo. El   285
primero fue el triste Gottlieb, que se apagó sin pena ni gloria
con un gemido y un temblor de párpados°. Schatzerl peleó y se   eyelids
debatió°, aferrada° a su cuerpo como al filo de una sima°, escu-   struggled / attached /
piendo alaridos° como puñaladas°. Lutoslaw recordó su naci-   **filo...** edge of an abyss
                                                                         howls / dagger thrusts
miento, en este día de orígenes y fuentes, y se dejó llevar° con   290   **se...** let himself die
una dignidad que desmentía° su sórdida historia. Bauer rompió   belied
a llorar, cayó de rodillas, ofreció dinero, se arrastró: una lástima.
Para cuando vinieron Ruler y Sigmund, las cosas estaban muy
borrosas°; un telón° rojizo lo cubría todo; pasaron unos delica-   confused / curtain
dos peces indiferentes; llovía contra la luna.   295

Entonces, solo ya, libre al fin de suplentes y suplementarios,
reposando su cansancio de siglos sobre la sucia alfombra,
Pedro Ortiz, castellano, abrió los brazos, cerró los ojos, y se
dispuso° a emprender honradamente su primera y verdadera   **se...** prepared himself
existencia.
                                                                   300

EJERCICIOS

I. Verbos

Sustituya la parte en negrilla en cada frase por uno de los verbos (o
frases verbales) siguientes, haciendo todos los cambios necesarios.

agradar, valer la pena decir, llevar a buen fin, perder la razón, sin dormir, sospechar de, soltar una carcajada, empeñarse en, tomar rabia a

EJEMPLO: El agregado naval **no le tenía confianza.**
           El agregado naval sospechaba de él.

1. **Ni que decir tiene** que el trabajo de espía es algo peligroso.
2. Nunca va a **terminarlo con éxito.**
3. Los generales **empezaron a reir.**
4. **Tratamos de** seguir el mismo camino.
5. Este empleo le **hacía poca gracia.**
6. Ellos **odiaban** a las personas en uniforme.
7. Creía que yo estaba **volviéndome loco.**
8. Él **pasaba las noches en vela.**

II. Modismos

Traduzca las frases en inglés, empleando uno de los modismos o palabras siguientes para traducir la parte en negrilla.

una lata, la pelleja, disfrutar de, desengañarse de, antojarse, de pronto, padecer, sendas, recelar de

EJEMPLO: They all **suspected** each other.
           Cada uno recelaba del otro.

1. It was a matter of saving his **neck.**
2. He was **disenchanted with** the world.
3. She **suffered** (from) a lung disease.
4. He resolved the matter with medals **for the two of them.**
5. It was a **nuisance** to parade in a blue shirt.
6. He wanted **to enjoy** his liberty.
7. She **fancied** that ring.
8. **Suddenly** his feet had become fat.

III. Preguntas

1. ¿Qué edad tenía Pedro Ortiz en 1936, al empezar la guerra civil española?
2. ¿Por qué ofreció sus servicios a los alemanes?
3. ¿Cómo se había preparado para este empleo?
4. ¿Qué le propuso a Pedro el comandante Hobson?
5. ¿Cuántos viajes hizo Sigmund a Lisboa?
6. ¿A quién vio en Lisboa en el primer viaje?
7. ¿Qué lugar señala Sigmund como lugar de desembarco de las tropas aliadas?

8. ¿Qué extrañas obsesiones padece Gottlieb?
9. ¿Por qué se encontró Lutoslaw obligado al espionaje?
10. ¿Qué recompensa ofrece el comandante Hobson a Ruler?
11. ¿Qué premio había a recibido Sigmund de los alemanes?
12. ¿Cómo mató Ruler a los demás espías?
13. ¿Qué significa "el telón rojizo" de la última página?

IV. Temas para conversación o para ensayos escritos

1. Pedro Ortiz tenía que inventar sus dobles por razones prácticas y psicológicas. Explique.
2. James Bond, seguramente, es el doble de su inventor. Sigmund y Ruler eran dobles de Pedro Ortiz. Si usted fuera espía, ¿cómo sería su doble?
3. ¿Por qué tenía que matar el héroe a todos sus suplentes y suplementarios? ¿Cómo le afectaron a Ortiz estos asesinatos?
4. Compare la vida y la personalidad de Ortiz con todas las vidas inventadas.
5. ¿Cómo interpreta usted el último párrafo del cuento?

JULIO CORTÁZAR

Born in Brussels in 1914 of Argentine parents, Julio Cortázar still speaks Spanish with a decided French accent. Yet although he has lived in Paris for many years, working as a translator for UNESCO, Cortázar is very much an Argentine. He received his education in that country, becoming a provincial school teacher and a recluse, reading omnivorously, writing (though not attempting to publish because of his own perfectionist standards), and translating (Poe, Chesterton, and André Gide, among others). His first book of short stories, Bestiario, was not published until 1951, the year Cortázar moved to Paris. He has said that the great literary influence in his life is Poe, yet some critics see in Cortázar a younger version of Borges.

Cortázar's stories are often deceptively simple in style, mingling the most matter-of-fact realism with the most fantastic occurrences. In each one he establishes a mood, an atmosphere, that is so pervasive that we can only accept the mysterious, and often rationally impossible, events that take place. Two of these stories have been turned into movie scripts (Week-end and Blow-up) by Jean Luc Godard and Michelangelo Antonioni, respectively.

Perhaps the best known of Cortázar's books are Rayuela (Hopscotch), a metaphysical novel about Argentine expatriates living in Paris, and a collection of short stories, Todos los fuegos el fuego (All the Fires the Fire), which contains the tale we have included in this anthology. Although introduced here as an example of the double, the story also suggests metaphysical problems that might be related to subjective time and perhaps even to subjective place.

LA ISLA A MEDIODÍA

La primera vez que vio la isla, Marini estaba cortésmente inclinado sobre los asientos de la izquierda, ajustando la mesa de plástico antes de instalar la bandeja° del almuerzo. La pasajera lo había mirado varias veces mientras él iba y venía con revistas o vasos de whisky; Marini se demoraba° ajustando la mesa, preguntándose aburridamente si valdría la pena responder a la mirada insistente de la pasajera, una americana de las muchas°, cuando en el óvalo azul de la ven-

tray

se... was slow

de... like so many others

tanilla entró el litoral de la isla, la franja° dorada de la playa, °fringe
las colinas° que subían hacia la meseta desolada. Corrigiendo 10 °hills
la posición defectuosa del vaso de cerveza, Marini sonrió a la
pasajera. "Las islas griegas", dijo. "Oh, yes, Greece", repuso° °answered
la americana con un falso interés. Sonaba brevemente un
timbre° y el steward se enderezó°, sin que la sonrisa pro- °bell / se... straightened up
fesional se borrara de su boca de labios finos. Empezó a 15
ocuparse de un matrimonio sirio° que quería jugo de tomate, matrimonio... Syrian couple
pero en la cola° del avión se concedió unos segundos para °tail
mirar otra vez hacia abajo; la isla era pequeña y solitaria, y el
Egeo° la rodeaba° con un intenso azul que exaltaba la orla° Aegean / surrounded / border
de un blanco deslumbrante° y como petrificado, que allá 20 °dazzling
abajo sería espuma° rompiendo en los arrecifes° y las cale- °foam / reefs
tas°. Marini vio que las playas desiertas corrían hacia el norte °coves
y el oeste, lo demás era la montaña entrando a pique° en el a... headlong
mar. Una isla rocosa y desierta, aunque la mancha° plomiza° spot / lead-colored
cerca de la playa del norte podía ser una casa, quizá un 25
grupo de casas primitivas. Empezó a abrir la lata de jugo, y
al enderezarse la isla se borró de la ventanilla; no quedó más
que el mar, un verde horizonte interminable. Miró su reloj
pulsera° sin saber por qué; era exactamente mediodía. reloj... wristwatch

   A Marini le gustó que lo hubieran destinado a la línea 30
Roma-Teherán, porque el pasaje° era menos lúgubre que en °trip
las líneas del norte y las muchachas° parecían siempre felices *here,* stewardesses
de ir a Oriente o de conocer Italia. Cuatro días después,
mientras ayudaba a un niño que había perdido la cuchara y
mostraba desconsolado el plato del postre, descubrió otra vez 35
el borde de la isla. Había una diferencia de ocho minutos
pero cuando se inclinó sobre una ventanilla de la cola no le
quedaron dudas; la isla tenía una forma inconfundible, como
una tortuga° que sacara apenas° las patas° del agua. La miró turtle; tortoise / sacara... barely lifting / feet
hasta que lo llamaron, esta vez con la seguridad de que la 40
mancha plomiza era un grupo de casas; alcanzó a distinguir
el dibujo de unos pocos campos cultivados que llegaban
hasta la playa. Durante la escala° de Beirut miró el atlas de la °stop-over
stewardess, y se preguntó si la isla no sería Horos. El radio-
telegrafista, un francés indiferente, se sorprendió de su in- 45
terés. "Todas esas islas se parecen, hace dos años que hago
la línea y me importan muy poco. Sí, muéstremela la próxima
vez." No era Horos sino Xiros, una de las muchas islas al
margen de los circuitos turísticos. "No durará ni cinco años",
le dijo la stewardess mientras bebían una copa en Roma. 50
"Apúrate° si piensas ir, las hordas estarán allí en cualquier °hurry up

momento, Gengis Cook[1] vela°." Pero Marini siguió pensando en la isla, mirándola cuando se acordaba o había una ventanilla cerca, casi siempre encogiéndose de hombros al final.

55 Nada de eso tenía sentido, volar tres veces por semana a mediodía sobre Xiros era tan irreal como soñar tres veces por semana que volaba a mediodía sobre Xiros. Todo estaba falseado en la visión inútil y recurrente; salvo, quizá, el deseo de repetirla, la consulta al reloj pulsera antes de mediodía, el
60 breve, punzante° contacto con la deslumbradora franja blanca al borde de un azul casi negro, y las casas donde los pescadores alzarían° apenas los ojos para seguir el paso de esa otra irrealidad.

Ocho o nueve semanas después, cuando le propusieron la
65 línea de Nueva York con todas sus ventajas°, Marini se dijo que era la oportunidad de acabar con° esa manía inocente y fastidiosa°. Tenía en el bolsillo el libro donde un vago geógrafo° de nombre levantino daba sobre Xiros más detalles que los habituales en las guías. Contestó negativamente, oyén-
70 dose como desde lejos, y después de sortear° la sorpresa escandalizada de un jefe y dos secretarias se fue a comer a la cantina de la compañía donde lo esperaba Carla. La desconcertada decepción° de Carla no lo inquietó; la costa sur de Xiros era inhabitable pero hacia el oeste quedaban
75 huellas° de una colonia lidia° o quizá cretomicénica°, y el profesor Goldmann había encontrado dos piedras talladas° con jeroglíficos que los pescadores empleaban como pilotes del pequeño muelle°. A Carla le dolía la cabeza y se marchó casi en seguida; los pulpos° eran el recurso° principal del puñado°
80 de habitantes, cada cinco días llegaba un barco para cargar la pesca y dejar algunas provisiones y géneros°. En la agencia de viajes le dijeron que habría que fletar° un barco especial desde Rynos, o quizá se pudiera viajar en la falúa° que recogía los pulpos, pero esto último sólo lo sabría Marini en
85 Rynos donde la agencia no tenía corresponsal. De todas maneras la idea de pasar unos días en la isla no era más que un plan para las vacaciones de junio; en las semanas que siguieron hubo que reemplazar a White en la línea de Túnez°, y después empezó una huelga° y Carla se volvió a casa de
90 sus hermanas en Palermo. Marini fue a vivir a un hotel cerca

[1] **Gengis Cook:** this humorous contraction is a combination of Genghis Khan, Mongol invader and destroyer of cultures (1162–1227), and Thomas Cook & Sons, Ltd., the famous travel agency. In other words, tourism will soon invade and destroy the island.

Glossary (margin):
- is watching
- poignant
- would lift up
- advantages
- **acabar...** put an end to
- vexing
- geographer
- evading
- disappointment
- traces / Lydian / Cretan-Mycenean
- carved
- wharf
- octopus / resource / handful
- merchandise
- rent
- tender (boat)
- Tunis
- strike

108 EL DOBLE

de Piazza Navona, donde había librerías de viejo; se entretenía° sin muchas ganas° en buscar libros sobre Grecia, hojeaba° de a ratos un manual de conversación. Le hizo gracia la palabra *kalimera*° y la ensayó en un cabaret con una chica pelirroja°, se acostó con ella, supo de su abuelo en Odos y de unos dolores de garganta° inexplicables. En Roma empezó a llover, en Beirut lo esperaba siempre Tania, había otras historias, siempre parientes o dolores; un día fue otra vez la línea de Teherán, la isla a mediodía. Marini se quedó tanto tiempo pegado° a la ventanilla que la nueva stewardess lo trató de mal compañero y le hizo la cuenta° de las bandejas que llevaba servidas. Esa noche Marini invitó a la stewardess a comer en el Firouz° y no le costó que le perdonaran° la distracción de la mañana. Lucía le aconsejó que se hiciera cortar el pelo a la americana; él le habló un rato de Xiros, pero después comprendió que ella prefería el vodkalime del Hilton. El tiempo se iba en cosas así, en infinitas bandejas de comida, cada una con la sonrisa a la que tenía derecho el pasajero. En los viajes de vuelta° el avión sobrevolaba Xiros a las ocho de la mañana; el sol daba contra las ventanillas de babor° y dejaba apenas entrever la tortuga dorada; Marini prefería esperar los mediodías del vuelo de ida°, sabiendo que entonces podía quedarse un largo minuto contra la ventanilla mientras Lucía (y después Felisa) se ocupaba un poco irónicamente del trabajo. Una vez casó una foto de Xiros, pero le salió borrosa°; ya sabía algunas cosas de la isla, había subrayado° las raras menciones en un par de libros. Felisa le contó que los pilotos lo llamaban el loco de la isla, y no le molestó. Carla acababa de escribirle que había decidido no tener el niño, y Marini le envió dos sueldos° y pensó que el resto no le alcanzaría para las vacaciones. Carla aceptó el dinero y le hizo saber por una amiga que probablemente se casaría con el dentista de Treviso. Todo tenía tan poca importancia a mediodía, los lunes y los jueves y los sábados (dos veces por mes, el domingo).

Con el tiempo fue dándose cuenta° de que Felisa era la única que lo comprendía un poco; había un acuerdo° tácito para que ella se ocupara del pasaje a mediodía, apenas él se instalaba junto a la ventanilla de la cola. La isla era visible unos pocos minutos, pero el aire estaba siempre tan limpio y el mar la recortaba° con una crueldad tan minuciosa que los más pequeños detalles se iban ajustando implacables al recuerdo del pasaje anterior: la mancha verde del promontorio

se... he amused himself /
sin... half-heartedly
leafed through

good morning (Greek)

redheaded

dolores... sore throat

glued
le... told him the exact number

an elegant restaurant in Beirut
no... it wasn't hard for him to get her to forgive him

viajes... return trips

port (side)

vuelo... flight eastward

blurred
underlined

paychecks

fue... gradually realized
understanding

sculptured

nets / drying

to save
apenas... he was barely one month away
No... He didn't keep track too closely

espeso... thick blue (sea)
se... were sketched, outlined
hubiera... would have sworn

he would climb

sign language

ship's bridge
mutton

was running out of

sage / tanned
load
a... with hurried movements
echó... began to explore
cobraba... was slowly acquiring speed

135 del norte, las casas plomizas, las redes° secándose° en la arena. Cuando faltaban las redes Marini lo sentía como un empobrecimiento, casi un insulto. Pensó en filmar el paso de la isla, para repetir la imagen en el hotel, pero prefirió ahorrar° el dinero de la cámara ya que apenas le faltaba un mes° para las vacaciones. No llevaba demasiado la cuenta° de los días; 140 a veces era Tania en Beirut, a veces Felisa en Teherán, casi siempre su hermano menor en Roma, todo un poco borroso, amablemente fácil y cordial y como reemplazando otra cosa, llenando las horas antes o después del vuelo, y en el vuelo todo era también borroso y fácil y estúpido hasta la hora de ir 145 a inclinarse sobre la ventanilla de la cola, sentir el frío cristal como un límite del acuario donde lentamente se movía la tortuga dorada en el espeso azul°.

Ese día las redes se dibujaban° precisas en la arena, y Marini hubiera jurado° que el punto negro a la izquierda, al 150 borde del mar, era un pescador que debía estar mirando el avión. "Kalimera", pensó absurdamente. Ya no tenía sentido esperar más, Mario Merolis le prestaría el dinero que le faltaba para el viaje, en menos de tres días estaría en Xiros. Con los labios pegados al vidrio, sonrió pensando que treparía° 155 hasta la mancha verde, que entraría desnudo en el mar de las caletas del norte, que pescaría pulpos con los hombres, entendiéndose por señas° y por risas. Nada era difícil una vez decidido, un tren nocturno, un primer barco, otro barco viejo y sucio, la escala en Rynos, la negociación interminable con 160 el capitán de la falúa, la noche en el puente°, pegado a las estrellas, el sabor del anís y del carnero°, el amanecer entre las islas. Desembarcó con las primeras luces, y el capitán lo presentó a un viejo que debía ser el patriarca. Klaios le tomó la mano izquierda y habló lentamente, mirándolo en los ojos. 165 Vinieron dos muchachos y Marini entendió que eran los hijos de Klaios. El capitán de la falúa agotaba° su inglés: veinte habitantes, pulpos, pesca, cinco casas, italiano visitante pagaría alojamiento Klaios. Los muchachos rieron cuando Klaios discutió dracmas; también Marini, ya amigo de los más jó-170 venes, mirando salir el sol sobre un mar menos oscuro que desde el aire, una habitación pobre y limpia, un jarro de agua, olor a salvia° y a piel curtida°.

Lo dejaron solo para irse a cargar° la falúa, y después de quitarse a manotazos° la ropa de viaje y ponerse un pantalón 175 de baño y unas sandalias, echó a andar° por la isla. Aún no se veía a nadie, el sol cobraba lentamente impulso° y de los matorrales° crecía un olor sutil, un poco ácido, mezclado con el yodo° del viento. Debían ser las diez cuando llegó al promontorio del norte y reconoció la mayor de las caletas. Prefería estar solo aunque le hubiera gustado más bañarse en la playa de arena; la isla lo invadía y lo gozaba° con una tal intimidad que no era capaz de pensar o de elegir. La piel le quemaba de sol y de viento cuando se desnudó para tirarse al mar desde una roca; el agua estaba fría y le hizo bien, se dejó llevar por corrientes insidiosas hasta la entrada de una gruta°, volvió mar afuera, se abandonó de espaldas°, lo aceptó todo en un solo acto de conciliación que era también un nombre para el futuro. Supo sin la menor duda que no se iría de la isla, que de alguna manera iba a quedarse para siempre en la isla. Alcanzó a imaginar a su hermano, a Felisa, sus caras cuando supieran que se había quedado a vivir de la pesca en un peñón° solitario. Ya los había olvidado cuando giró sobre sí mismo para nadar hacia la orilla°.

El sol lo secó en seguida, bajó hacia las casas donde dos mujeres lo miraron asombradas antes de correr a encerrarse. Hizo un saludo en el vacío y bajó hacia las redes. Uno de los hijos de Klaios lo esperaba en la playa, y Marini le señaló el mar, invitándolo. El muchacho vaciló, mostrando sus pantalones de tela° y su camisa roja. Después fue corriendo hacia una de las casas, y volvió casi desnudo; se tiraron juntos a un mar ya tibio°, deslumbrante bajo el sol de las once.

Secándose en la arena, Ionas empezó a nombrar las cosas. "Kalimera", dijo Marini, y el muchacho rió hasta doblarse en dos. Después Marini repitió las frases nuevas, enseñó palabras italianas a Ionas. Casi en el horizonte, la falúa se iba empequeñeciendo; Marini sintió que ahora estaba realmente solo en la isla con Klaios y los suyos. Dejaría pasar unos días, pagaría su habitación y aprendería a pescar; alguna tarde, cuando ya lo conocieran bien, les hablaría de quedarse y de trabajar con ellos. Levantándose, tendió la mano a Ionas y echó a andar lentamente hacia la colina. La cuesta° era escarpada° y trepó° saboreando cada alto, volviéndose una y otra vez para mirar las redes en la playa, las siluetas de las mujeres que hablaban animadamente con Ionas y con Klaios y lo miraban de reojo°, riendo. Cuando llegó a la mancha verde entró en un mundo donde el olor del tomillo° y de la salvia era una misma materia con el fuego del sol y la brisa del mar. Marini miró su reloj pulsera y después, con un gesto de impaciencia, lo arrancó de la muñeca° y lo guardó en el

thickets
iodine

possessed him

grotto / se... he floated on his back

rock

shore

canvas

lukewarm

slope
steep / climbed

de... askance
thyme

wrist

on the heights	
task	
de... on his back	
edges / **lomos...** burning ridges	
buzzing	
shade	
eyelids	
reached for	
se... straightened up / wing	
a... at full speed	
hitting himself / tearing	
changed direction / short cut	
crossed / spur	
se... jumped	
caja... cardboard box	
direction / **se...** dive / grasp	
cling to / swallowed	
Towing him	
wound	
gushing (of blood)	

220 bolsillo del pantalón de baño. No sería fácil matar al hombre viejo, pero allí en lo alto°, tenso de sol y de espacio, sintió que la empresa° era posible. Estaba en Xiros, estaba allí donde tantas veces había dudado que pudiera llegar alguna vez. Se dejó caer de espaldas° entre las piedras calientes,
225 resistió sus aristas° y sus lomos encendidos°, y miró verticalmente el cielo; lejanamente le llegó el zumbido° de un motor.

Cerrando los ojos se dijo que no miraría el avión, que no se dejaría contaminar por lo peor de sí mismo que una vez más iba a pasar sobre la isla. Pero en la penumbra° de los
230 párpados° imaginó a Felisa con las bandejas, en ese mismo instante distribuyendo las bandejas, y su reemplazante, tal vez Giorgio o alguno nuevo de otra línea, alguien que también estaría sonriendo mientras alcanzaba° las botellas de vino o el café. Incapaz de luchar contra tanto pasado abrió
235 los ojos y se enderezó°, y en el mismo momento vio el ala° derecha del avión, casi sobre su cabeza, inclinándose inexplicablemente, el cambio de sonido de las turbinas, la caída casi vertical sobre el mar. Bajó a toda carrera° por la colina, golpeándose° en las rocas y desgarrándose° un brazo entre
240 las espinas. La isla le ocultaba el lugar de la caída, pero torció° antes de llegar a la playa y por un atajo° previsible franqueó° la primera estribación° de la colina y salió a la playa más pequeña. La cola del avión se hundía a unos cien metros, en un silencio total. Marini tomó impulso y se lanzó°
245 al agua, esperando todavía que el avión volviera a flotar; pero no se veía más que la blanda línea de las olas, una caja de cartón° oscilando absurdamente cerca del lugar de la caída, y casi al final, cuando ya no tenía sentido seguir nadando, una mano fuera del agua, apenas un instante, el tiempo para que
250 Marini cambiara de rumbo° y se zambullera° hasta atrapar° por el pelo al hombre que luchó por aferrarse° a él y tragó° roncamente el aire que Marini le dejaba respirar sin acercarse demasiado. Remolcándolo° poco a poco lo trajo hasta la orilla, tomó en brazos el cuerpo vestido de blanco, y tendién-
255 dolo en la arena miró la cara llena de espuma donde la muerte estaba ya instalada, sangrando por una enorme herida° en la garganta. De qué podía servir la respiración artificial si con cada convulsión la herida parecía abrirse un poco más y era como una boca repugnante que llamaba a
260 Marini, lo arrancaba a su pequeña felicidad de tan pocas horas en la isla, le gritaba entre borbotones° algo que él ya no era capaz de oír. A toda carrera venían los hijos de Klaios y

más atrás las mujeres. Cuando llegó Klaios, los muchachos rodeaban el cuerpo tendido° en la arena, sin comprender cómo había tenido fuerzas para nadar a la orilla y arrastrarse desangrándose hasta ahí. "Ciérrale los ojos", pidió llorando una de las mujeres. Klaios miró hacia el mar, buscando algún otro sobreviviente. Pero como siempre estaban solos en la isla, y el cadáver de ojos abiertos era lo único nuevo entre ellos y el mar.

stretched out

265

270

EJERCICIOS

I. Verbos

Sustituya la parte en negrilla en cada frase por uno de los verbos o modismos siguientes.

contestar, descubrir, aconsejar *(advise),* **poder, terminar, llevar la cuenta de, comprender**

EJEMPLO: Marini **entendió** que eran los hijos de Klaios.
          Marini comprendió que eran los hijos de Klaios.

1. La americana **repuso** a su pregunta con falso interés.
2. Marini **ha observado** otra vez el borde de la isla.
3. Ellos le **propusieron** la línea de Nueva York.
4. Quizá **le resultará posible** viajar en un barco especial.
5. No **pensaba** demasiado **en** los días de vacaciones.
6. Él **acabará** con su vida frívola.

II. Modismos

Traduzca las frases en inglés, empleando uno de los modismos o palabras siguientes para reemplazar la parte en negrilla. (Consulte el texto del cuento para que le sirva de modelo.)

quedarle dudas, a toda carrera, en seguida, tener fuerzas para, molestarle a uno, borrarse la sonrisa, hacerle gracia a uno

1. When she saw him, **she no longer had any doubt** about him.

2. **Her smile disappeared** from her lips (disappeared to her from the . . .).
3. Every time I hear him **I find him funny** (he amuses me).
4. **Right away** the sun dried his clothes.
5. **I don't have the strength** to climb this hill.
6. He came **running madly.**
7. This American couple **annoys me.**

III. Preguntas

1. ¿Qué estaba haciendo Marini cuando vio la isla por primera vez?
2. ¿En qué mar estaba la isla?
3. ¿Por qué le gusta a Marini trabajar en la línea Roma-Teherán?
4. ¿Qué libros le interesan a Marini?
5. ¿Dónde proyecta vivir Marini?
6. ¿Por qué rechaza (reject) la línea de Nueva York?
7. ¿Cómo llega a la isla?
8. ¿Quién es Klaios?
9. ¿Qué le pasa al avión?
10. ¿Cuántos cadáveres encuentran en la playa Klaios y los muchachos?

IV. Temas para conversación o para ensayos escritos

1. ¿Cómo comentaría usted la expresión "No sería fácil matar al hombre viejo"? ¿A quién se refiere?
2. ¿Tiene algún significado especial el que Marini se quite el reloj? ¿Cuál puede ser este significado?
3. Un cuento como este, ambiguo y misterioso, admite, quizá, varias interpretaciones. Si usted cree, por ejemplo, que Marini nunca viajó a la isla como turista, que cayó con el avión, y que las últimas páginas describen el delirio de un moribundo, ¿en qué detalles y frases del cuento apoyará esta interpretación?
4. Si Marini "se desdobló", es decir, inventó un "doble", un individuo que representa la zona inconsciente de su personalidad y que de alguna manera impone su "realidad" a su creador, y quizá también a otras personas, ¿por qué trata el "nuevo" Marini de salvar al "viejo"?
5. ¿Puede pensar en alguna otra interpretación del cuento que sea más fantástica y extraña aún que las anteriores?

6. ¿Qué sentido o significado tiene "la isla" de este cuento? ¿Es simplemente un lugar agradable para pasar unas vacaciones? ¿Es el símbolo del destino? ¿Es el símbolo de la muerte, o del más allá? ¿Puede encontrar algún otro sentido simbólico de esta "isla"?

7. ¿Ha soñado usted alguna vez con una isla? Si es así, ¿qué papel desempeñaba esta isla en su sueño? ¿Cómo interpreta usted su sueño?

6

La
Bruja

La figura de la bruja es por lo menos tan vieja como la Biblia (y tan moderna como las reuniones que hoy se celebran públicamente entre "brujas blancas"). En España la Inquisición quemó a centenares de brujas y en países nórdicos como Alemania todavía fue más feroz la persecución. Las leyendas folklóricas y los cuentos de hadas° están llenos de brujas. La bruja es una figura a la vez literaria e histórica. ¿Hay verdaderas brujas?

Desde los principios de la civilización han habido mujeres sabias que conocían las propiedades de las hierbas y podían curar o dañar (con venenos°) a los demás. En los tiempos precristianos eran sacerdotisas° y atribuían sus poderes a las diosas. Después, cuando el Dios hebreo y cristiano reemplazó a todas estas diosas de la fertilidad, la mujer sacerdotisa se vio forzada a trabajar secretamente, fuera de la ley; constituía una fuerza en competencia con la Iglesia oficial, una fuerza que atraía con frecuencia a los pobres y a otras personas insatisfechas con la religión oficial, la cual a menudo estaba aliada con un gobierno opresivo. Es éste el tipo de la bruja histórica, fuerza peligrosa para la Iglesia y el gobierno.

Pero también hay la bruja de los sueños y de los cuentos, de la literatura. Ésta, según el psicólogo Jung, es la encarnación del lado femenino de cada hombre —la parte que conscientemente el hombre rechaza°. Jung dice que el hombre proyecta su propia feminidad hacia fuera, en la figura de la mujer misteriosa, a la vez joven y vieja, sabia pero maligna, bella pero sucia y repugnante. Las brujas que encontramos en los cuentos siguientes se parecen mucho a esta figura arquetípica.

fairies

poisons
priestesses

rejects

◀ Francisco Goya, *Linda maestra*, from *Los caprichos*. Yale University Art Gallery.

JOSÉ DONOSO

The following tale is an excerpt, complete in itself, from José Donoso's recent best-selling novel El obsceno pájaro de la noche *(1970), published in English as* The Obscene Bird of Night. *Donoso, born in Chile in 1924, is one of the foremost contemporary Latin American writers. Until the publication of* El obsceno pájaro, *he was considered a realist in the nineteenth-century tradition of Galdós, Dickens, and Dostoyevsky. In this novel, however, he has completely revolutionized his technique. One of his most striking innovations is the central character, who undergoes repeated incarnations, existing as an old woman, a dog, a writer, and the devoted secretary of a feudal politico.*

*Most of Donoso's previous novels have also been translated into English—*Coronación *(1957),* El lugar sin límites *(1965), and* Este domingo *(1966)—and his work is widely appreciated in the United States. He has also given courses in creative writing at Princeton University (where he received his B.A.) and at The University of Iowa.*

Although he frames the following narrative in the language and setting of a folk tale, having it recounted by one of his recurring characters—a witch-like inmate of an orphanage and rest home—Donoso has not based it on traditional Chilean legend. It is, in fact, as original as the rest of the novel and constitutes its skeleton. The present-day action of the novel is the modern version of this Gothic tale, which begins in the eighteenth century with the story of the old witch and the feudal lord's daughter. The only traditional element in the tale is the imbunche, *which might be described as a witch's victim, a human with every orifice sewn up but kept alive by magic. The* imbunche *serves as a breeder of parts for the witch's perpetual rejuvenation and amusement. We can only compare this product of the Chilean imagination to the sack carried by the bogeyman or to a combination of a zombie and a modern corpse used as a donor of vital organs. All the characters of the present day are reincarnations from the original tale. The nursemaid and maiden are components of the witch archetype—youth and age, saint and sinner, beauty and ugliness. And in traditional fashion, the archetypal figure is sacrificed by the men in the story. The witch is murdered and the beautiful maiden is shut up forever in the asylum where the tale is repeated centuries later.*

EL OBSCENO PÁJARO
DE LA NOCHE

Érase una vez°, hace muchos, muchos años, un señorón° muy rico y muy piadoso°, propietario de grandes extensiones de tierra en todo el país, de montañas en el norte, bosques en el sur y rulos° en la costa, pero más que nada de ricos fundos de riego° en la comarca° limitada al norte por el río Maule, cerca de San Javier, Cauquenes y Villa Alegre, donde todos lo reconocían como cacique°. Por eso, cuando vinieron malos tiempos, años de cosechas° miserables, de calor y sequía°, de animales envenenados° y de niños que nacían muertos o con seis dedos en una mano, los ojos de los campesinos se dirigieron hacia el cacique en busca de alguna explicación para tanta desgracia°.

Este señor tenía nueve hijos varones° que lo ayudaban a atender sus tierras, y una hija mujer, la menor, la luz de sus ojos y la alegría de su corazón. La niña era rubia y risueña° como el trigo maduro°, y tan hacendosa° que su habilidad para los quehaceres° de la casa llegó a darle fama en la región entera. Cosía° y bordaba° con primor°. Fabricaba velas con el sebo° que el fundo producía y frazadas° con la lana. Y en verano, cuando los abejorros° zumbaban° golosos° sobre la fruta remadura, el aire de la arboleda° se ponía azul y picante° con el fuego que sus sirvientes encendían debajo de las pailas de cobre°, donde revolvía moras°, alcayotas°, membrillos° y ciruelas°, transformándolos en dulces para regalar° el gusto de los hombres de su casa. Aprendió estas inmemoriales artes femeninas de una vieja de manos deformadas por las verrugas° que, cuando murió la madre de la niña al darla a luz°, se hizo cargo de° cuidarla. Al terminar la última comida del día, después de presidir° la mesa donde su padre y sus hermanos cansados se sentaban con las botas° polvorientas°, ella, mimosa°, los iba besando uno a uno antes de retirarse por el pasadizo° alumbrado° por la vela con que su nana° la guiaba, para dormir en la habitación que compartían.

Quizá por los privilegios que el lazo° con la niña granjeó° a su nana, o porque como no encontraban explicación para tanta desgracia era necesario culpar° a alguien y los malos tiempos producen malas ideas, comenzaron a circular rumores. El caballerizo° se lo debe haber dicho al quesero° o el quesero al caballerizo o al hortalicero° o a la mujer o a la

EL OBSCENO PÁJARO DE LA NOCHE   **119**

Érase... Once upon a time / landowner
pious

dry, sandy farms
fundos... irrigated lands / district

leader (chieftain)

harvests / drought
poisoned

misfortune

hijos... sons

pleasing
trigo... ripe wheat / industrious
tasks
sewed / embroidered / **con...** beautifully
tallow / blankets
bumblebees / buzzed / greedily
de... in the grove of trees
pungent
pailas... copper pots / blackberries / watermelons
quince / plums / please

warts
al... at childbirth / **se...** took charge of
overseeing
boots / dusty
affectionate
hall / lighted / nanny

connection / accorded, bestowed

to blame

stableman / cheesemaker
vegetable man

niece / blacksmith

squatting / bonfires
pigsty / **si...** if they felt someone approach
de... suddenly / spread
hired hands / thrashing floor /
shepherds
hills

trailing / long mane

frightening / witchcraft

evil omen

was crushing / plains

swollen / thirst

flapping / sinewy

wings / bats

skinny

astro... accomplice moon

indicated

sweets

tenants

fundos... neighboring estates
/ migrant workers
gathering of crops / threshing

bewitched

revoltijo... tangled cover /
warmed

I bet
cuando... at the crow of the
cock
comienza... it begins to dawn
whipped / **hasta...** until her
mouth bled

40 sobrina° del herrero°. En la noche, grupos de peones murmu-
raban encuclillados° junto a las fogatas° encendidas detrás
del chiquero°, y si sentían acercarse a alguien° se callaban
de repente°. El rumor cundió° lentamente pero cundió, hasta
que lo supieron los gañanes° de la era° y los pastores° en
45 los cerros° más lejanos del fundo: se decía, se decía que
decían o que alguien había oído decir quién sabe dónde, que
en las noches de luna volaba por el aire una cabeza terrible,
arrastrando° una larguísima cabellera° color trigo, y la cara
de esa cabeza era la linda cara de la hija del patrón... can-
50 taba el pavoroso° tué, tué, tué de los chonchones[1], brujería°,
maleficio°, por eso las desgracias incontables, la miseria que
ahogaba° a los campesinos. Sobre las vegas° secas donde
las bestias agonizaban hinchadas° por la sed°, la cabeza de
la hija del patrón iba agitando° enormes orejas nervudas°
55 como las alas° de los murciélagos°, siguiendo a una perra
amarilla, verrugosa y flaca° como su nana, que guiaba al
chonchón hasta un sitio que los rayos del astro cómplice°
señalaban° más allá de los cerros: ellas eran las culpables de
todo, porque la niña era bruja, y bruja la nana, que la inició
60 también en estas artes, tan inmemoriales y femeninas como
las más inocentes de preparar golosinas° y manejar la casa.
Dicen que fueron sus propios inquilinos° los que comenzaron
estas murmuraciones, y que siguieron los inquilinos de los
fundos colindantes°, y se lo contaban a los afuerinos°, que, al
65 dispersarse después de la vendimia° o de la trilla°, espar-
cieron los rumores por toda la comarca, hasta que nadie
dudó que la hija del cacique y su nana tenían embrujada° a
toda la región.
　　Una noche en un rancho, el mayor de los hermanos se
70 levantó demasiado pronto de la cama de la mujer con que
tenía amores, para regresar a la casa de su padre a una hora
decente. Ella le gritó desde el revoltijo de mantas° caldeadas°
por su cuerpo:
　　—Apuesto° que tu hermana no ha llegado a la casa toda-
75 vía. Las brujas vuelven cuando canta el gallo° y comienza a
clarear°...
　　Él la azotó° hasta hacerle sangrar la boca°, hasta que lo
confesara todo. Y después de oír le pegó más. Corrió a las
casas del fundo a contárselo a su segundo hermano y des-
80 pués a otro y a otro, y los nueve hermanos, ni en conciliábu-

---

[1] **chonchones:** name for the mythical apparitions of flying heads described in
the previous sentences.

los° ni solos, se resignaban a aceptar que el rumor fuera más que una mentira nefasta° que los manchaba° a todos. El terror entraba desde la intemperie° de los miserables al ámbito resguardado° de la casa regida° por la hermana a quien era imposible creer otra cosa que una niña transparente y feliz. No debían creerlo. Bastaba con no aceptarlo. Y dejaron de hablar del asunto. Sin embargo, volvían cabizbajos° del trabajo del día, sin vender animales en la feria ni acordarse de recoger la cosecha antes que cayera el chubasco°. Ya no bebían libre y alegremente como antes, porque los frenaba° el temor de que el vino les soltara la lengua° frente al padre, que no debía saber nada.

Sin embargo, todos juntos algunas veces, y después que decidieron que era mentira, solos, cada uno por su cuenta°, como escondiéndose° de los demás para que no fueran a suponer° que aceptaban siquiera una pizca° de verdad en los rumores, los hermanos solían acudir de noche a la puerta de la habitación de la niña. Oían siempre lo mismo. Adentro, la hermana se reía con su vieja y contaba adivinanzas° o cantaban un poco, y después las oían rezar salves° y rosarios hasta que las sentían apagar las velas y quedarse dormidas. Jamás oyeron otra cosa y jamás dejaron de oir la repetición de lo mismo. No era nada. Sólo una isla femenina en esa casa de hombres, inaccesible para ellos, pero no peligrosa. ¿Cuándo salían a hacer las correrías° de que las acusaban, entonces? Después de un tiempo de vigilancia, seguros de la falsedad de los rumores, fueron a contárselos al padre para que castigara a los culpables de la difusión de tamaño chisme°. El cacique, loco de ira y de dolor, interrogó a su hija: los ojos de la niña permanecieron tan claros al responder con negativas a acusaciones que su inocencia no alcanzaba a comprender, que el padre se calmó, y sentando a su regalona° en sus rodillas° le pidió que le cantara alguna cosa. El hermano menor, sonriente ahora, tomó la guitarra de un rincón del estrado° para acompañarla:

secret council

wicked / slurred

unsheltered world

ámbito... protected sphere / managed

with bowed heads

cayera... the rain fell in torrents

los... they were constrained by

les... would loosen their tongues

cada... each one on his own

hiding himself

para... in order that they not suppose / grain

riddles

Hail Marys

Cuándo... When did they go out on the forays

tamaño... such slander

pampered darling

knees

drawing room

> Al mar me arrojara por una rosa
> pero le temo al agua que es peligrosa
> repiquen las campanas con el esquilón
> que si no hay badajo con el corazón.[2]

[2] *I would throw myself to the sea for a rose*
but I fear the water, which is dangerous
so let the church bells and cattle bells ring
to tell you there is no idle chatter in the heart.

En el cuarto contiguo los hermanos decidieron que sería
sabio esperar unos días, pero que sin duda era necesario
deshacerse de° la nana, porque de haber culpa° fue suya, al
envolver° con su presencia equívoca° la inocencia de la niña.
¿Qué importancia tenía, por lo demás°, sacrificar a una vieja
anónima si eso saldaba el asunto en forma limpia°? Se fueron
a dormir con el ánimo° tranquilo después de mucho tiempo de
desvelo°. A la una de la madrugada un peón golpeó la puerta
del dormitorio del cacique:

—Patrón, patroncito, allá afuera andan la perra amarilla y
el chonchón...

Y huyó° a perderse antes que el cacique, blandiendo su
ramal°, apareciera envuelto en la camisa de dormir y el poncho, en la puerta del cuarto, gritando para despertar a sus
hijos, para despertar a todo el mundo, que se vistieran, que
corrieran, que los mozos ensillaran° y montaran y salieran...
los diez hombres dejaron una polvareda° en la noche galo-
pando a campo traviesa°, preguntando, buscando, escu-
chando, no fueran a perderse° el chonchón y la perra, y esta
oportunidad única para desvelar° la verdad. Un aullido° lejano
torcía° el rumbo° del tropel° hacia el bosque. Un graznido°, una
piedra que rodaba por una ladera° los hacía remontar montañas buscando en cuevas que podían ser entradas° a la sala-
manca° de las brujas. Bajaban al río porque el ladrido° de un
perro, que podía ser la perra amarilla, los conducía hasta allá,
pero no era, no era nunca la perra amarilla, y cantó el gallo y
clareó el alba y dejó de ser la hora de las brujas y los diez
hombres tuvieron que regresar abatidos por la derrota° a las
casas del fundo. Al llegar sintieron alboroto° de hojas en las
viñas:

—Agárrenla°, agárrenla, es la perra amarilla que se quiere
meter en la casa, el chonchón no debe andar lejos.

Y los diez hombres se precipitaron° sobre ella para cer-
carla° como en una topeadura° y cortarle el paso°, para pi-
llarla° y azotarla° y matarla ahí mismo, los caballos encabrita-
dos° y los ramales volando, la perra perdida en la polvareda
de los cascos° que no lograron° impedir que se hurtara a
ellos° y se perdiera en la luz imprecisa de la alborada. Mandaron a los peones que la buscaran. Que la encontraran
costara lo que costara° porque la perra era la nana y la nana
era la bruja. Que no se atrevieran° a volver sin la perra amarilla. Que la mataran y trajeran el pellejo°.

El cacique, seguido por sus hijos, forzó la puerta del
cuarto de la niña. Al entrar dio un alarido° y abrió los brazos
de modo que su amplio poncho ocultó inmediatamente para

---

deshacerse... to get rid of /
de... if there was guilt
involving / suspicious

por... anyway
si... if this cleared up the
matter
spirits
mucho... many sleepless
nights

fled

whip

saddle up

cloud of dust

a... across the fields

no... not to lose

uncover / howl
twisted / course / crowd / caw,
croak
que... rolling down a slope

entrances

cave / barking

abatidos... worn out by defeat

stirring

grab her

se... threw themselves

surround her / roundup / escape

catch her / whip her

reared up
polvareda... cloud of dust
raised by the hooves / **no...**
did not succeed
que... from slipping away
from them
Que... They were to find her
at any cost
Que... They were not to dare

skin (hide)

scream

---

los ojos de los demás lo que sólo sus ojos vieron. Encerró a 165
su hija en la alcoba° contigua. Sólo entonces permitió que los *room*
demás entraran: la vieja yacía° inmóvil en su lecho°, embadur- *lay / bed*
nada° con ungüentos° mágicos, los ojos entornados°, respi- *smeared / ointments / half-closed*
rando como si durmiera, o como si el alma° se hubiera ausen- *soul*
tado del cuerpo. Afuera la perra comenzó a aullar° y a arañar° 170 *howl / scratch*
la ventana:

—Aquí está, mátenmela o los mato yo a todos...

La perra dejó de aullar. La niña lloraba en la pieza donde
su padre la dejó encerrada.

—¡Nana! ¡Nanita! Que no la maten, papá, que no la maten, 175
que la dejen volver a su cuerpo. Si no la matan yo le juro° que *swear*
confieso todo...

—Tú cállate. No tienes nada que confesar.

Salieron al patio a reconocer el cuero ensangrentado°. No **cuero...** *bloody hide*
resultó difícil pillarla, parecía cansada, acurrucándose° tembló- 180 *crouching*
rosa° bajo la ventana de la niña: eso fue lo que aseguraron° *fearfully / asserted*
los peones mientras los diez señores examinaban el pellejo
de la perra amarilla. Ahora no quedaba más que deshacerse del cuerpo de la bruja. No estaba ni viva ni muerta.
Podía seguir siendo peligrosa: enterrar° el cuerpo de una bruja 185 *to bury*
suele envenenar leguas y leguas de buena tierra de labranza°, **tierra...** *crop land*
de modo que hay que desharcerse de ella de otra manera,
dijo el cacique. Mandó que ataran° el cuerpo de la malhe- **que...** *that they tie*
chora° a un árbol para que la azotaran hasta que despertara *evil-doer*
y todos oyeran la confesión de sus crímenes. El cuerpo lace- 190
rado sangró, pero ni los ojos ni la boca de la bruja se abrie-
ron, aunque no dejó de respirar, suspendida en una región
distinta a la vida y a la muerte. Entonces, como ya no que-
daba otra cosa que hacer, tumbaron° el árbol a hachazos°. Y *felled / a... with ax strokes*
los nueve hermanos con sus inquilinos y los inquilinos de los 195
fundos vecinos llevaron el cuerpo de la bruja al Maule, y lo
echaron al agua, amarrado° al tronco° para que no se hun- *bound / tree trunk*
diera°. **para...** *so that it wouldn't sink*

El cacique se quedó en las casas. Una hora después que
se apagó la gritadera del gentío° partió con su hija a la capi- 200 **gritadera...** *uproar of the mob*
tal. La encerró en un convento, para que unas monjitas de
clausura se ocuparan de ella°: nadie, nunca más, ni siquiera **se...** *take charge of her*
sus nueve hermanos que tanto la querían, volvieron a verla.

Mientras tanto, por la orilla° del Maule se desplegó° la *shore / se... spread out*
cabalgata°, siguiendo el cuerpo que flotaba río abajo°. Si lo 205 *band of horsemen / río... downstream*
veían acercarse a la orilla lo alejaban con picanas°. Cuando *big shoves*
la corriente parecía arrastrarlo al centro del caudal° lo atraían *stream*
con garfios°. En la noche, con los mismos garfios, sujetaban° **lo...** *they brought it back with drag hooks / fastened*
el cuerpo de la bruja a la orilla mientras ellos desensillaban

horses	210 sus cabalgaduras°, encendían fuego, comían cualquier cosa,
stretching out / fur cloaks	y tendiéndose° en sus pellones° y ponchos, antes de dormir
apparitions	relataban cuentos de brujas y aparecidos° y de otros mons-
con... in whose faces fear is disguised	truos con cuyos rostros se disfraza el miedo° en tiempos
	malos. Contaron lo que sabían de las brujas, lo que se mur-
	215 muraba desde hacía generaciones, que alguien le dijo una
	vez a un abuelo que era necesario besarle el sexo al chivato°
he goat	para poder participar en las orgías de las brujas, y hablaron
	del miedo, del de antes y del de ahora y del de siempre, y
	caía el silencio, y para ahuyentar° las figuras que se querían
banish	220 perfilar° en la noche se felicitaban° porque por suerte, esta
que... that took shape / se... they congratulated themselves	vez, las brujas no lograron robarse a la linda hija del caci-
	que, que eso era lo que querían, robársela para coserle los
	nueve orificios del cuerpo y transformarla en imbunche, por-
	que para eso, para transformarlos en imbunches, se roban las
	225 brujas a los pobres inocentes y los guardan en sus salaman-
	cas debajo de la tierra, con los ojos cosidos, el sexo cosido,
anus / nostrils / ears	el culo° cosido, la boca, las narices°, los oídos°, todo cosido,
	dejándoles crecer el pelo y las uñas de las manos y de los
uñas... fingernails and toenails	pies°, idiotizándolos, peor que animales los pobres, sucios,
louse-ridden / dar... take small jumps	230 piojosos°, capaces sólo de dar saltitos° cuando el chivato y
drunken	las brujas borrachas° les ordenan que bailen... el padre de
	alguien, una vez, había hablado con alguien que decía que
	una vez vio un imbunche y el miedo le paralizó todo un lado
	del cuerpo. Aullaba un perro. Volvía a caer el silencio sobre
	235 las voces asustadas. Los ojos de los peones semiadorme-
flames	cidos brillaban cuando las llamas° de la fogata vencían las
brims / straw hats	sombras de las alas° de sus chupallas°.
	Ensillaron temprano a la mañana siguiente. Soltaron las
ropes	amarras° del tronco y durante todo el día, a rayo del sol y por
barren	240 los cerros pelados° de la costa siguieron el curso del cuerpo
village	de la bruja río abajo. De caserío° en caserío se fue corriendo
se... they were taking away	la noticia de que por fin se llevaban° a la bruja, que la co-
black magic	marca quedaría libre de maleficios°, que las mujeres tendrían
births / floods / a... as	partos° normales y no habría inundaciones°, y a medida que°
settlers / tenant farmers	245 avanzaba la cabalgata una legión de pobladores° y colonos°
se... joined in	se fue uniendo° a ella. Antes que cayera el sol se dieron
	cuenta que el mar estaba cerca. El río se ensanchó, sosegán-
becoming gentler / small island	dose°. Apareció un islote°. Bancos de arena suavizaron las
shores / ash-colored	riberas°. El agua, en vez de verde, era cenicienta°, hasta que
they sighted	250 allá lejos avistaron° rocas negras y la línea blanca de las
waves / sand bar	olas° de la barra°.
	Los nueve hermanos en una lancha, con garfios y cor-
ropes	deles°, arrastraron a la bruja hasta la barra: las corrientes la
tangling / jirones... tattered clothing	habían ido desvistiendo y revolviéndole° los jirones de ropa°

y de pelo. Los pescados que mordisquearon° su carne flota-   255   bit
ban muertos alrededor de la lancha. El tropel de inquilinos a
pie y a caballo, de colonos, de niños con sus perros, de
vecinos, de curiosos, subieron a la colina° frente al mar. Muy   hill
tarde, el viento que soplaba° en sus ponchos trajo el aullido   blew
de triunfo que lanzaron los nueve hermanos: por fin habían   260
logrado que el cuerpo de la bruja traspasara la montaña de
olas vertiginosas° y que el mar se lo tragara°. Quedó apenas   crashing / se... swallow it up
un punto que fue disolviéndose sobre el mar dorado del
poniente°. Lentamente la cabalgata se dispersó en el camino   setting sun
de regreso. Cada uno volvió a su pueblo o a su rancho, tran-   265
quilo ahora y con el miedo apaciguado° porque por fin se   put to rest
iban a terminar los tiempos malos en la comarca.

Dije que esa noche en la cocina, las viejas, no me acuerdo
cuál de ellas, da lo mismo°, estaban contando *más o menos*   da... it's all the same
esta conseja°, porque la he oído tantas veces y en versiones   270   story
tan contradictorias, que todas se confunden. Algunas varian-
tes afirman que los hermanos no eran nueve sino que siete o
tres. La Mercedes Barroso contaba una versión en la que los
peones aterrorizados ante la furia del cacique habrían
carneado° a una perra cualquiera para mostrarle el pellejo, y   275   slaughtered
que así la verdadera perra amarilla habría quedado viva. Sólo
lo esencial siempre permanece fijo: el amplio poncho paternal
cubre una puerta y bajo su discreción escamotea° al per-   he conjures away
sonaje noble, retirándolo del centro del relato para desviar la
atención y la venganza° de la peonada° hacia la vieja. Ésta,   280   vengeance / all the farmhands
un personaje sin importancia, igual a todas las viejas, un poco
bruja, un poco alcahueta°, un poco comadrona°, un poco   go-between / midwife
llorona°, un poco meica°, sirviente que carece de° sicología   wailer / healer (*médica*) / carece...
individual y de rasgos propios, sustituye a la señorita en el   lacks
papel protagónico de la conseja, expiando ella sola la culpa   285
tremenda de estar en contacto con poderes prohibidos. Esta
conseja, difundida° por todo el país, es originaria de° las   recounted / es... originated in
tierras del sur del Maule, donde los Azcoitía han poseído sus
feudos° desde el coloniaje°.   feudal lands / colonial times

EJERCICIOS

I. Vocabulario

Para cada palabra en la lista a la izquierda encuentre un sinónimo en la lista a la derecha. Haga frases con cada palabra demostrando que usted conoce su sentido.

desgracia   cortar
tumbar   calamidad
sujetar   echarse
tenderse   cama
lecho   amarrar

Para cada palabra en la lista a la izquierda encuentre un antónimo en la lista a la derecha. Haga frases con cada palabra.

desvelo   gorda
hacendosa   fría
mimosa   perezosa
flaca   lluvia
sequía   sueño

II. Definiciones

Si no se acuerda usted de las palabras, busque en el texto.

EJEMPLO: El sonido que hace un perro (o un hombre) al aullar es
           un **aullido**.

   1. El sonido que hace un perro al ladrar es un _____.
   2. Una colección de peones es una _____.
   3. Muchos árboles forman una _____.
   4. Los golpes de una hacha se llaman _____.
   5. El hombre que fabrica queso es un _____.
   6. El hombre que trabaja con hierro es un _____.
   7. Mucha gente en un lugar constituye un _____.
   8. Si los resultados no te importan, dices "Me da _____".
   9. Cada uno _____ se refiere a personas operando independientemente de los demás.

III. Verbos

Utilice cada verbo en su forma correcta.

Afuera la perra _____ (aullar) continuamente y _____ (arañar) la ventana. Estaba bajo las viñas _____ (acurrucarse). Después de _____ (pillar)la, los peones le _____ (asegurar) al padre que la habían matado. Pero no querían enterrar el cuerpo de la bruja por temor a que _____ (envenenar) leguas de tierra. Por fin _____ (atar) el cuerpo a un árbol y lo _____ (azotar) hasta que _____ (morirse).

IV. Traducción

Traduzca las frases siguientes, utilizando los verbos **preocuparse** o
ocuparse.

1. Don't worry; I'll take charge of her.
2. The father was very worried. Who would take charge of his
   daughter?
3. They never bothered themselves about their clothing and they
   never worried.

Traduzca las frases siguientes, utilizando **dejar** o **dejar de.**

1. They didn't stop beating the poor dog.
2. "Let me stay with the old woman," screamed the girl.
3. Leave me alone; I am very busy. I am very worried.

V. Preguntas

1. ¿A qué se refiere el autor cuando habla de "malos tiempos"
   en el primer párrafo?
2. Describa el aspecto y el carácter de la hija del señorón.
3. A la muerte de la madre de la muchacha, ¿quién se encargó
   de cuidarla?
4. ¿Cuál era el rumor que cundió por toda la comarca acerca
   de la muchacha?
5. ¿Cómo era el chonchón?
6. ¿Cómo era el animal que acompañaba el chonchón?
7. ¿Cómo se enteró el mayor de los hermanos de los rumores
   acerca de su hermana?
8. ¿Cómo reaccionaron los hermanos a semejante chisme?
9. ¿Por qué casi dejaron de beber los hermanos después de
   conocer el rumor?
10. Cuando los hermanos acudieron a la puerta de la niña, ¿qué
    oyeron adentro?
11. ¿Cómo reaccionó la muchacha cuando su padre le preguntó
    acerca de los rumores?
12. ¿Qué decidieron hacer con la vieja los nueve hermanos?
13. ¿Quién les informó de la nueva aparición del chonchón?
14. ¿Cuáles eran las órdenes que dieron a los peones acerca de
    la perra?
15. Al forzar la puerta y entrar en el cuarto de la niña, ¿en qué
    estado encontraron a la vieja?
16. ¿Por qué quisieron matar a la perra?
17. ¿Qué hicieron para deshacerse del cuerpo de la bruja?
18. ¿Qué hizo el padre con su hija?

19. ¿Qué es lo que nos dice el cuento acerca de los imbunches?
20. ¿Qué les pasó a los peces que mordisquearon el cuerpo de la bruja?

VI. Temas para conversación o para ensayos escritos

1. Compare usted las supersticiones de la gente en este cuento con las supersticiones de hoy.
2. En este cuento la bruja sirve de chivo expiatorio (*scapegoat*). Comente sobre la psicología de este fenómeno.
3. Casi todo lo que se cuenta aquí es rumor o chisme. ¿Qué, cree usted, es lo que realmente pasó? ¿De qué fue culpable la vieja?
4. Comente sobre su experiencia con brujas verdaderas. ¿Cree usted que todavía hay brujas legítimas? ¿Cuál debe ser nuestra actitud con respecto a ellas?

GUSTAVO ADOLFO BÉCQUER

Bécquer, perhaps the greatest master of Spanish Romantic poetry and prose, was born in Seville in 1836, the son of an unsuccessful painter. An orphan at ten, he spent most of his impecunious life in Madrid looking in vain for recognition: his poetry was too simple, direct, unadorned, for the taste of the times; his brilliant prose stories went largely unnoticed. He died of tuberculosis—a typically Romantic disease—in 1870. Malnutrition, a loveless marriage, and an unhappy love affair contributed to his death.

Los ojos verdes may remind us of Poe, of Gothic novels, or of many other Romantic texts, yet Bécquer's sensitivity and artistic use of language sets it apart. It takes place in a medieval never-never land that only Bécquer's characters, side by side with characters from fairy tales or from Andersen's stories, could inhabit. Bécquer loved the mystery and power of nature; his descriptions are sensitive and accurate—full of detail, light and shadow—the descriptions of a painter sensitive to nuances and atmospheric changes (he had tried his hand at painting without great success). Nature as he saw it was inhabited by strange magic forces; darkness, the supernatural, the elements of passion, were never far away. For a man whose life had dissolved in sadness because of a woman, the strange sprite with green eyes depicted in this tale is both the embodiment of unattainable, cruel—yet desirable—beauty in nature, and a premonition of his own tragic destiny.

LOS OJOS VERDES

Hace mucho tiempo que tenía ganas de escribir cualquier cosa con este título.

Hoy, que se me ha presentado ocasión, lo he puesto con letras grandes en la primera cuartilla° de papel, y luego he dejado a capricho volar la pluma.   sheet

Yo creo que he visto unos ojos como los que he pintado en esta leyenda. No sé si en sueños, pero yo los he visto. De seguro que no los podré describir tales cuales ellos eran, luminosos, transparentes como las gotas de la lluvia que resbalan sobre las hojas de los árboles después de una tempestad de verano. De todos modos, cuento con la imaginación de mis lectores para hacerme comprender en este que pudiéramos llamar boceto° de un cuadro que pintaré algún día.

I

—Herido va el ciervo°..., herido va; no hay duda. Se ve el rastro° de la sangre entre las zarzas° del monte, y al saltar uno de esos lentiscos° han flaqueado° sus piernas... Nuestro joven señor comienza por donde otros acaban...; en cuarenta años de montero° no he visto mejor golpe°... Pero; ¡por San Saturio, patrón de Soria[1]!, cortadle el paso por esas carrascas°, azuzad° los perros, soplad° en esas trompas° hasta echar los hígados°, y hundidles° a los corceles° una cuarta de hierro° en los ijares°: ¿no veis que se dirige hacia la fuente de los Álamos°, y si la salva° antes de morir podemos darle por perdido?

Las cuencas° del Moncayo[2] repitieron de eco en eco el bramido° de las trompas, el batir° de la jauría° desencadenada°, y las voces de los pajes° resonaron con nueva furia, y el confuso tropel° de hombres, caballos y perros se dirigió al punto que Íñigo, el montero mayor° de los marqueses de Almenar, señalaba como el más a propósito° para cortarle el paso a la res°.

Pero todo fue inútil. Cuando el más ágil de los lebreles° llegó a las carrascas jadeante° y cubiertas las fauces° de espuma°, ya el ciervo, rápido como una saeta°, las había salvado de un solo brinco°, perdiéndose entre los matorrales° de una trocha° que conducía a la fuente.

—¡Alto...! ¡Alto todo el mundo! —gritó Íñigo entonces—. Estaba de Dios° que había de marcharse°.

Y la cabalgata se detuvo, y enmudecieron las trompas, y los lebreles, refunfuñando°, dejaron la pista° a la voz de los cazadores°.

En aquel momento se reunía° a la comitiva° el héroe de la fiesta, Fernando de Argensola, el primogénito° de Almenar.

—¿Qué haces? —exclamó, dirigiéndose a su montero, y en tanto, ya se pintaba el asombro° en sus facciones°, ya ardía la cólera° en sus ojos—. ¿Qué haces, imbécil? ¡Ves que la pieza° está herida, que es la primera que cae por mi mano, y abandonas el rastro y la dejas perder para que vaya a morir en el fondo del bosque! ¿Crees acaso que he venido a matar ciervos para festines de lobos?°

[1] City in Old Castile.
[2] Mountain range in eastern Castile.

Margin glosses:

- sketch
- stag, deer
- trail / brambles
- mastic trees / faltered
- bush beater / throw (of spear)
- **cortadle...** cut him off
- pin oak groves / set on / blow / horns
- **hasta...** until you are exhausted / sink / horses
- **una...** a quarter of your iron spurs / flanks
- Poplars / **si...** if (the stag) reaches it
- valleys
- howl / yelping / pack
- loose / pages, court attendants
- crowd
- **montero...** chief beater, director of the hunt
- **el...** the best spot
- animal
- hounds
- panting / jaws
- sweat / arrow
- jump / bushes
- path
- **Estaba...** It was God's will / get away
- growling / trail
- hunters
- joined / group
- first-born
- astonishment / expression
- anger
- prey
- wolves

—Señor —murmuró Íñigo entre dientes—, es imposible pasar de este punto.

—¡Imposible! ¿y por qué?

—Porque esa trocha —prosiguió el montero—, conduce a la fuente de los Álamos; la fuente de los Álamos, en cuyas aguas habita un espíritu del mal. Él que osa° enturbiar° su corriente paga caro su atrevimiento°. Ya la res habrá salvado sus márgenes; ¿cómo las salvaréis vos° sin traer sobre vuestra cabeza alguna calamidad horrible? Los cazadores somos reyes del Moncayo, pero reyes que pagan un tributo. Pieza° que se refugia en esa fuente misteriosa, pieza perdida.

—¡Pieza perdida! Primero perderé yo el señorío° de mis padres, y primero perderé el ánima en manos de Satanás, que permitir que se me escape ese ciervo, el único que ha herido mi venablo°, la primicia° de mis excursiones de cazador... ¿Lo ves?, ¿lo ves...? Aun se distingue° a intervalos desde aquí..., las piernas le fallan, su carrera se acorta; déjame..., déjame..., suelta esa brida°, o te revuelvo en el polvo... ¿Quién sabe si no le daré lugar para que llegue a la fuente? ¡Sus°!, ¡Relámpago!, ¡sus, caballo mío!, si lo alcanzas, mando engarzar° los diamantes de mi joyel° en tu serreta° de oro.

Caballo y jinete partieron como un huracán.

Íñigo los siguió con la vista hasta que se perdieron en la maleza°; después volvió los ojos en derredor suyo; todos, como él, permanecieron inmóviles y consternados.

El montero exclamó al fin:

—Señores, vosotros lo habéis visto, me he expuesto a morir entre los pies de su caballo por detenerle. Yo he cumplido con mi deber. Con el diablo no sirven valentías°. Hasta aquí llega el montero con su ballesta°; de aquí adelante, que pruebe a pasar el capellán° con su hisopo°.

II

—Tenéis la color quebrada°; andáis mustio° y sombrío; ¿qué os sucede? Desde aquel día, que yo siempre tendré por funesto°, en que llegasteis a la fuente de los Álamos en pos de° la res herida, diríase que una mala bruja os ha encanijado° con sus hechizos°.

«Ya no vais a los montes precedido de la ruidosa jauría, ni el clamor de vuestras trompas despierta sus ecos. Solo con esas cavilaciones que os persiguen, todas las mañanas tomáis la ballesta para enderezaros° en la espesura° y permanecer en ella hasta que el sol se esconde. Cuando la noche oscurece y volvéis pálido y fatigado al castillo, en balde°

dares / trouble	
daring	
¿cómo... how will you cross it	
Any creature	
feudal rights	
spear / first fruits	
can be seen	
bridle	
hurry up	
set / small jewel / noseband	
underbrush	
bravery	
crossbow	
priest / aspergill (with holy water)	
pale / depressed	
sad, ill-fated	
en... after	
weakened / spell	
walk towards / thick woods	
in vain	

busco en la bandolera° los despojos° de la caza. ¿Qué os ocupa tan largas horas lejos de los que más os quieren?»

Mientras Íñigo hablaba, Fernando, absorto en sus ideas, sacaba maquinalmente astillas° de su escaño° de ébano con el cuchillo de monte.

Después de un largo silencio, que sólo interrumpía el chirrido° de la hoja° al resbalarse° sobre la pulimentada° madera, el joven exclamó dirigiéndose a su servidor, como si no hubiera escuchado una sola de sus palabras:

—Íñigo, tú que eres viejo; tú que conoces todas las guaridas° del Moncayo, que has vivido en sus faldas° persiguiendo a las fieras, y en tus errantes excursiones de cazador subiste más de una vez a su cumbre°, dime: ¿Has encontrado por acaso una mujer que vive entre sus rocas?

—¡Una mujer! —exclamó el montero con asombro y mirándole de hito en hito°.

—Sí —dijo el joven—, es una cosa extraña lo que me sucede, muy extraña... Creí poder guardar ese secreto eternamente, pero no es ya posible; rebosa° en mi corazón y asoma a mi semblante. Voy, pues, a revelártelo... Tú me ayudarás a desvanecer° el misterio que envuelve a esa criatura, que al parecer sólo para mí existe, pues nadie la conoce, ni la ha visto, ni puede darme razón° de ella.

El montero, sin despegar° los labios, arrastró su banquillo° hasta colocarse junto al escaño de su señor, del que no apartaba un punto los espantados° ojos. Éste, después de coordinar sus ideas, prosiguió así:

—Desde el día en que a pesar de tus funestas predicciones llegué a la fuente de los Álamos, y atravesando sus aguas recobré el ciervo que vuestra superstición hubiera dejado huir, se llenó mi alma del deseo de la soledad.

«Tú no conoces aquel sitio. Mira, la fuente brota° escondida en el seno° de una peña°, y cae resbalando gota a gota por entre las verdes y flotantes hojas de las plantas que crecen al borde de su cuna°. Aquellas gotas, que al desprenderse brillan como puntos de oro y suenan como las notas de un instrumento, se reúnen entre los céspedes°, y susurrando°, susurrando, con un ruido semejante al de las abejas que zumban en torno de las flores, se alejan por entre las arenas, y forman un cauce°, y luchan con los obstáculos que se oponen a su camino, y se repliegan sobre sí mismas, y saltan, y huyen, y corren, unas veces con risa, otras con suspiros°, hasta caer en un lago. En el lago caen con un rumor indescriptible. Lamentos, palabras, nombres, cantares°, yo no sé lo que he oído en aquel rumor cuando me he sentado solo y febril° sobre el peñasco°, a cuyos pies saltan las aguas de la fuente misteriosa para estancarse° en una balsa° profunda, cuya inmóvil superficie apenas riza° el viento de la tarde.

140

«Todo es allí grande. La soledad, con sus mil rumores desconocidos, vive en aquellos lugares y embriaga° el espíritu en su inefable melancolía. En las plateadas hojas de los álamos, en los huecos de las peñas, en las ondas del agua, parece que nos hablan los invisibles espíritus de la naturaleza, que reconocen un hermano en el inmortal espíritu del hombre.

145

«Cuando al despuntar la mañana° me veías tomar la ballesta y dirigirme al monte, no era nunca para perderme entre sus matorrales en pos de la caza, no; iba a sentarme al borde de la fuente, a buscar en sus ondas... no sé qué, ¡una locura! El día en que salté sobre ella con mi *Relámpago*, creí haber visto brillar en su fondo una cosa extraña..., muy extraña..., los ojos de una mujer.

150

«Tal vez sería un rayo de sol que serpeó° fugitivo entre su espuma°; tal vez una de esas flores que flotan entre las algas° de su seno°, y cuyos cálices parecen esmeraldas..., no sé: yo creí ver una mirada que se clavó en la mía, una mirada que encendió en mi pecho un deseo absurdo, irrealizable: el de encontrar una persona con unos ojos como aquéllos.

155

160

«En su busca fui un día y otro a aquel sitio.

«Por último, una tarde..., yo me creí juguete de un sueño..., pero no, es verdad; la he hablado ya muchas veces, como te hablo a ti ahora...; una tarde encontré sentada en mi puesto, y vestida con unas ropas que llegaban hasta las aguas y flotaban sobre su haz°, una mujer hermosa sobre toda ponderación°. Sus cabellos eran como el oro; sus pestañas° brillaban como hilos de luz, y entre las pestañas volteaban inquietas unas pupilas que yo había visto..., sí, porque los ojos de aquella mujer eran de un color imposible; unos ojos...»

165

170

—¡Verdes! —exclamó Íñigo con un acento de profundo terror, e incorporándose° de un salto en su asiento.

Fernando le miró a su vez como asombrado de que concluyese lo que iba a decir, y le preguntó con una mezcla de ansiedad y de alegría:

175

—¿La conoces?

—¡Oh, no! —dijo el montero—. ¡Líbreme Dios° de conocerla! Pero mis padres, al prohibirme llegar hasta esos lugares, me dijeron mil veces que el espíritu, trasgo°, demonio o mujer que habita en sus aguas tiene los ojos de ese color.

180

Yo os conjuro°, por lo que más améis en la tierra, a no volver
a la fuente de los Álamos. Un día u otro os alcanzará su
venganza, y expiaréis muriendo el delito° de haber encena-
gado° sus ondas°.

185 —¡Por lo que más amo!... —murmuró el joven con una
triste sonrisa.

—Sí —prosiguió el anciano—: por vuestros padres, por
vuestros deudos°, por las lágrimas de la que el cielo destina
para vuestra esposa, por las de un servidor que os ha visto
190 nacer...

—¿Sabes tú lo que más amo en el mundo? ¿Sabes tú por
qué daría yo el amor de mi padre, los besos de la que me dio
la vida, y todo el cariño que pueden atesorar° las mujeres de
la tierra? Por una mirada, por una sola mirada de esos ojos...
195 ¡Cómo podré yo dejar de buscarlos!

Dijo Fernando estas palabras con tal acento, que la lá-
grima que temblaba en los párpados de Íñigo se resbaló
silenciosa por su mejilla°, mientras exclamó con acento
sombrío: —¡Cúmplase la voluntad del cielo!

III

200 —¿Quién eres tú? ¿Cuál es tu patria? ¿En dónde habitas?
Yo vengo un día y otro en tu busca, y ni veo el corcel° que te
trae a estos lugares, ni a los servidores que conducen tu
litera°. Rompe de una vez el misterioso velo en que te envuel-
ves como en una noche profunda. Yo te amo, y, noble o
205 villana, seré tuyo, tuyo siempre...

El sol había traspuesto la cumbre del monte; las sombras
bajaban a grandes pasos por su falda; la brisa gemía entre
los álamos de la fuente, y la niebla, elevándose poco a poco
de la superficie del lago, comenzaba a envolver las rocas de
210 su margen.

Sobre una de estas rocas, sobre una que parecía próxima
a desplomarse° en el fondo de las aguas, en cuya superficie
se retrataba, temblando, el primogénito de Almenar, de rodillas a los pies de su misteriosa amante, procuraba en vano
215 arrancarle el secreto de su existencia.

Ella era hermosa, hermosa y pálida, como una estatua de
alabastro. Uno de sus rizos° caía sobre sus hombros, desli-
zándose entre los pliegues° del velo, como un rayo de sol que
atraviesa las nubes, y en el cerco de sus pestañas rubias
220 brillaban sus pupilas, como dos esmeraldas sujetas en una
joya de oro.

Cuando el joven acabó de hablarle, sus labios se movieron como para pronunciar algunas palabras; pero sólo exhalaron un suspiro, un suspiro débil, doliente°, como el de la ligera onda que empuja una brisa al morir entre los juncos°. 225

—¡No me respondes! —exclamó Fernando al ver burlada° su esperanza—; ¿querrás que dé crédito a lo que de ti me han dicho? ¡Oh! No... Háblame; yo quiero saber si me amas, yo quiero saber si puedo amarte, si eres una mujer...

—O un demonio... ¿Y si lo fuese? 230

El joven vaciló un instante, un sudor° frío corrió por sus miembros°; sus pupilas se dilataron al fijarse con más intensidad en las de aquella mujer, y fascinado por su brillo fosfórico, demente° casi, exclamó en un arrebato° de amor:

—Si lo fueses... te amaría como te amo ahora, como es mi 235 destino amarte, hasta más allá de esta vida, si hay algo más allá de ella.

—Fernando —dijo la hermosa entonces con una voz semejante a una música—; yo te amo más aún que tú me amas; yo, que desciendo hasta un mortal, siendo un espíritu puro. 240 No soy una mujer como las que existen en la tierra; soy una mujer digna de ti, que eres superior a los demás hombres. Yo vivo en el fondo de estas aguas; incorpórea° como ellas, fugaz y transparente, hablo con sus rumores y ondulo con sus pliegues. Yo no castigo al que osa turbar° la fuente donde 245 moro°; antes le premio° con mi amor, como a un mortal superior a las supersticiones del vulgo, como a un amante capaz de comprender mi cariño extraño y misterioso.

Mientras ella hablaba así, el joven, absorto en la contemplación de su fantástica hermosura, atraído como por una 250 fuerza desconocida, se aproximaba más y más al borde de la roca. La mujer de los ojos verdes prosiguió así:

—¿Ves, ves el límpido fondo de ese lago, ves esas plantas de largas y verdes hojas que se agitan en su fondo?... Ellas nos darán un lecho° de esmeraldas y corales... y yo... yo te 255 daré una felicidad sin nombre, esa felicidad que has soñado en tus horas de delirio, y que no puede ofrecerte nadie... Ven, la niebla del lago flota sobre nuestras frentes° como un pabellón° de lino..., las ondas nos llaman con sus voces incomprensibles, el viento empieza entre los álamos sus himnos de 260 amor; ven..., ven...

La noche empezaba a extender sus sombras, la luna rielaba° en la superficie del lago, la niebla se arremolinaba° al soplo del aire, y los ojos verdes brillaban en la oscuridad como los fuegos fatuos° que corren sobre el haz de las aguas 265 infectas... Ven..., ven... Estas palabras zumbaban en los oídos

mournful

reeds

mocked

sweat

limbs

mad, insane / rapture

bodiless

disturb

dwell / **antes...** rather I reward him

bed

foreheads

tent

glimmered / curled

fuegos... will-of-the-wisp

spell

de Fernando como un conjuro°. Ven... Y la mujer misteriosa le llamaba al borde del abismo, donde estaba suspendida, y parecía ofrecerle un beso..., un beso...

270 Fernando dio un paso hacia ella..., otro... y sintió unos brazos delgados y flexibles que se liaban° a su cuello, y una sensación fría en sus labios ardorosos, un beso de nieve... y vaciló... y perdió pie, y cayó al agua con un rumor sordo y lúgubre.

se... curled around

sparkles
widening

275 Las aguas saltaron en chispas° de luz, y se cerraron sobre su cuerpo, y sus círculos de plata fueron ensanchándose°, ensanchándose hasta expirar en las orillas.

EJERCICIOS

I. Vocabulario

Escoja la palabra adecuada para completar las frases siguientes. Si la palabra es verbo, utilícelo en su forma correcta.

conjurar, jinete, niebla, abejas, osar, ciervo

1. "Los ojos verdes" es un cuento impregnado no de sol sino de _____.
2. El montero le _____ a no volver más a la fuente de los Álamos.
3. _____ zumbaban en torno de las flores.
4. El animal que se esconde en la fuente es un _____.
5. El hombre que monta a caballo se llama un _____.
6. La bruja quería castigar al héroe porque _____ entrar en su fuente.

II. Verbos

Los siguientes son sonidos expresados en verbos. Pronúncielos en voz alta para captar su significado y luego tradúzcalos.

zumbar, susurrar, refunfuñar, jadear

III. Sustituciones

Haga todos los cambios necesarios en cada frase.

1. Se me escapa ese ciervo.
2. No permito que _____.

3. Temo que _____.
4. Dudo de que _____.
5. Él dudó de que _____.
6. Ellos dudaron de que _____.
7. No vamos a permitir que _____.
8. No queríamos que _____.
9. Él se sintió muy triste de que _____.
10. Le es igual si _____.
11. El jinete dijo que _____.
12. El jinete temió que _____.

IV. Preguntas

1. ¿Cuál es el punto de partida, el impulso inicial, que inspira a Bécquer para escribir esta leyenda?
2. ¿Quién es el personaje que describe la huida del ciervo?
3. ¿Qué ordena a los demás cazadores?
4. ¿Por qué se indigna el joven Fernando de Argensola ante esta orden?
5. ¿Qué razones da el montero para explicar su orden?
6. ¿Qué hace entonces el joven Fernando?
7. ¿Cómo afecta la salud física y mental de Fernando esta persecución del ciervo herido?
8. ¿A quién encuentra Fernando una tarde, sentada en una roca al lado de la fuente?
9. ¿Por qué dice la extraña muchacha a Fernando que él es digno de ella?
10. ¿Por qué cae al lago el joven Fernando?
11. ¿En qué se parece la misteriosa joven a las sirenas de la tradición clásica?
12. ¿Qué siente Fernando antes de caer al lago?

V. Temas para conversación o ensayos escritos

1. ¿En qué forma ven la naturaleza los escritores románticos? ¿Cómo afecta esta visión de la naturaleza las obras de Edgar Allan Poe (las que usted ha leído) y la leyenda de Bécquer?
2. Se dice que la mujer hermosa y cruel, destructora de hombres, es un tema eterno. ¿Cree usted que este tipo de mujer, legendaria y literaria, se basa en una realidad histórica y social, o bien es un invento de escritores masculinos deseosos de criticar a las mujeres?
3. ¿Qué semejanza hay entre este cuento y "El árbol de oro" de Matute?
4. Compare el texto de Bécquer con *El lago de los cisnes* de Tchaikovski.

7

El Futuro:
Sátira, Ironía, Terror

No es fácil predecir el futuro. Ni los astrólogos ni los modernos futurólogos gozan de reputación impecable. Podemos predecir eclipses, pero la conducta humana es demasiado complicada para un análisis científico. Sin embargo todos sabemos que el futuro es una dimensión importante —cada vez más importante— de nuestra posible experiencia. Nos sentimos impulsados a avanzar hacia un futuro incierto, a velocidad cada vez más grande, y nuestras predicciones resultan casi siempre angustiosas. La idea del progreso, basada en el racionalismo, la ciencia, la tecnología, ha inspirado en el pasado ciertas visiones utópicas del futuro; en nuestra época creemos con frecuencia estar resbalando° hacia un porvenir° incierto, casi nunca utópico; y a veces utilizamos nuestra visión del futuro para criticar el presente, para exponer sus defectos. El futuro descrito por los textos que incluimos —de Arreola y de Carrascal— se transforma en una visión satírica o irónica: nuestros excesos o errores en el presente resultan mucho más visibles cuando son multiplicados al pasar por esta "máquina de agrandar" que los despliega° y los duplica incesantemente en el mundo del porvenir. Las utopías se han vuelto negativas, se han convertido en pesadillas. Si no pretendemos ni siquiera controlar el presente, ¿cómo podemos suponer que el futuro será dominado por la humanidad, cómo creer que el paso del tiempo nos ofrece mayores posibilidades de victoria? Y si creemos que el porvenir depende de los más jóvenes, otro texto incluido en este libro nos indica que quizá son los niños los que se convertirán en futuros tiranos: el mundo de mañana es, muy probablemente, una pesadilla necesaria, a la que nadie podrá escapar.

sliding

future

unfolds

ANÓNIMO

The author of the following story, which first appeared in La Vida Literaria, *published in Mexico City, wishes to remain anonymous. As the reader will note, apologies are offered to Henry James (1843–1916), who really has no monopoly on diabolical children, and to Carlos Fuentes, whose realistic tale* La vieja moralidad *may have suggested the title. If precaution is the motive for this anonymity, we can only guess that somewhere in Mexico there is a real Matilde and, more terrible to contemplate, a real Horacio. In any case, the author takes the further precaution of placing the action some twenty years in the future. The story then falls into the genre of science fiction, still relatively rare in Spanish. Written in letter format, the tale revolves around a precocious and apparently evil schoolboy. The "new morality" is this child's blueprint for the future, a plan radical enough to shock any anarchist over twenty. Obviously an infantile plagiarism of Karl Marx, the "children's manifesto" focuses on a real problem in a world where, demographically speaking, the majority of the population may be composed of children and teenagers. Could it be that the next conflict we shall see will not be sparked by race or class but by generational differences, the young against the not so young?*

LA NUEVA MORALIDAD

(con disculpas a Henry James y Carlos Fuentes)

Tenayuca, Distrito Federal
5 de marzo de 1998.

A Demetrio Sánchez, Jefe de Policía.

Mi querido Demetrio:

5   Sé que Ud. va a extrañarse al recibir mi carta. ¿Para qué escribir cuando vivimos a veinte pasos uno del otro? Pero se trata° de algo que no puedo decirle directamente. Incluso escribiéndole, oigo su risa insultante y casi no puedo seguir. Sé que Ud. no me tiene confianza, que a pesar de vivir entre
10   ustedes estos diez años siempre seré la maestra yankee medio chiflada°. Bueno, eso es algo que no puedo cambiar.

se... it's a matter of

crazy

Pero de una manera u otra tengo que decirle la verdad. Es una verdad terrible, casi increíble, pero en su capacidad oficial por lo menos tiene Ud. el deber de leer mi carta.

Sabe Ud. que el señor Johnson fue asesinado. Naturalmente comprendo que Ud. preferirá seguir creyendo que se murió en un accidente de helicóptero. Más fácil así, ya que no tendrá que escribir ningún informe especial al comandante de la zona. Pero aunque no le guste, el Sr. Johnson fue asesinado, o peor que asesinado —y por su propio hijo. Esto no quiere decir que el Sr. Johnson esté muerto (o por lo menos muerto en el sentido clásico, tal como hemos entendido la palabra hasta ahora). Pero tampoco se puede afirmar que sigue vivo. No se puede considerar vivo a un ser que no hace otra cosa que dar vueltas en el espacio y que no regresará a la tierra antes de cincuenta años y que entonces no será el Sr. Johnson con su sombrero tejano° de ante° color gris sino una semilla, una semilla cualquiera° que no llamará la atención.

Pero todavía le queda al pobre Johnson resuello° para gritar. O si no es que grita, de alguna manera ha encontrado la forma de comunicarse conmigo. Quizá es por telepatía. Sobre este punto no tengo certeza°. Pero sí, puedo asegurarle que desde hace una semana estoy oyendo al Sr. Johnson. Me habla desde tan lejos que al principio confundí su voz con el viento que canta en los viejos alambres° de telégrafo. Después fingí° no oir nada. Pero esta voz me persigue por todas partes. No puedo seguir negándome° más a escucharla. Como un fantasma que pide venganza, lo que queda de Johnson exige que yo revele la verdad.

Solamente por eso voy a contarle todo a Ud., Demetrio, y después me marcharé lejos de aquí. No es que le tenga miedo. Sé que Ud. es demasiado honrado para hacerles encerrarme en la casa grande que han construido en Tula para gente enfermiza° que no quiere a los niños. Pero sí, a *él* le tengo miedo. *Él* hará lo que le dé la gana°. Y los demás *le* obedecerán. *Le* adoran. Y lo entiendo perfectamente. En todos mis años de enseñanza nunca he conocido a otro niño como Horacio. Tan atractivo, tan inteligente y tan siniestro.

Me imagino que en este momento Ud. se estará sonriendo, pensando que soy una vieja amargada° porque nunca tuve hijos propios. Pues, permítame recordarle a Ud. sus propias palabras. ¿Se acuerda del día cuando prendieron fuego° a la biblioteca municipal? ¿También se acuerda de la política de *su* partido, que para costear todos los libros perdidos y un edificio nuevo tuvimos que quitarle el subsidio al asilo de los

15

20

25

30

35

40

45

50

55

Texan / suede
una... a seed, any seed whatever
breath

no... I am not sure

wires
pretended
refusing

sickly
le... whatever he wants

embittered

prendieron... set fire

asilo... old peoples' home

to strike them

resignation

we used to

en... on behalf of / Plenos...
Legal Equality for Children
achieved

crop

cociente... I.Q.

clever

awaited (in ambush)

development
Plato / was right

distrust

a... within their grasp

ancianos°? Pues yo me acuerdo muy bien que entonces Ud.
me dijo: "No podemos esperar nada bueno de ellos, ya que
incluso les está prohibido a sus padres pegarles°." Estas eran
sus palabras. No puede negarlas. Y después, ¿se acuerda que
60 Ud. sugirió que nosotras, las maestras, debíamos enseñarles a
comportarse mejor (a pesar de que podían exigir nuestra
dimisión°) recordándome que sería muy fácil encontrar trabajo
en otro pueblo, ya que hoy día nadie quería ser maestra?
Pues bien: ahora acepto su consejo y me voy. Pero primero
65 tengo que decirle todo lo que sé de los antecedentes de este
asesinato horrible.

Como recordará, en la década de los Sesenta solíamos°
quejarnos (no muy convencidos de ello) de que los jóvenes
eran quienes mandaban en el pueblo. Pero entonces no era
70 verdad. En los Setenta todo el mundo se puso a hablar del
salto o abismo entre las generaciones. Empezó la campaña
en pro de° los Plenos Derechos Infantiles°. En la década de
los Ochenta la campaña logró° casi todos sus objetivos, y ni
siquiera entonces nos dimos cuenta de lo que estaba suce-
75 diendo. Acumulábamos estadísticas sin saber cómo interpre-
tarlas. Cada año se sabía que la nueva cosecha° de alumnos
era más brillante, superando a la del año pasado en varios
puntos de cociente de inteligencia°. Nos alegrábamos, sin
saber sacar las conclusiones lógicas.
80 No sé cómo no nos dimos cuenta de que muchos alumnos
eran más listos°, mucho más que sus maestros. La mejor
prueba de ello es que nunca nos enteramos. Los jóvenes empezaron a fingir ignorancia mientras acechaban° el momento
oportuno.
85 Y si usted me pregunta cómo ocurrió este monstruoso
desarrollo° de la inteligencia de algunos niños, siento no
poder contestarle. A veces creo que Platón° acertó°, que los
niños nacen sabiéndolo todo, pero lo olvidan poco después
de nacer, y que el proceso educativo solamente consiste en
90 despertar una pequeña parte de la antigua memoria. Y después pienso: ¿qué pasaría si admitimos que en algún caso ha
habido mutación en los genes, y de pronto los niños ya no
consiguen olvidar toda la sabiduría con la que nacieron?
¿Quizá fingen ahora ser niños, comportarse como niños,
95 porque saben que así no desconfiaremos° de ellos? ¿Y cómo
se comportarán ahora, cuando tienen a su alcance° los frutos
del poder político, y deciden quitarse la máscara?
Pues bien: todo lo que le digo aquí es pura especulación,

lo reconozco. Pongamos que Platón no tiene nada que ver con° lo que está sucediendo. Bien puede ser que el nuevo concentrado de proteínas que hemos preparado para las cápsulas del desayuno tiene la culpa de todo. Nos han asegurado, una y otra vez, que este concentrado ayudaba a la memoria y podía mejorar la rapidez que se necesitaba para cualquier aprendizaje. Quién sabe qué cuevas° en la memoria habrán descubierto estas cápsulas, qué monstruos a la vez primitivos y super-desarrollados estamos produciendo con la avena° sintética descubierta en un laboratorio suizo. Imagínese las posibilidades de que la Superavenaeldopa afecte no solamente la memoria, sino las conexiones profundas del cerebro, y establezca un nuevo puente entre la capa cortical° y el hipotálamo. No sé si me entiende. El Dr. García Avellano tal vez pueda explicarle lo que le digo. La memoria del hombre se remonta° quizá a los orígenes de su existencia, y todas las posibilidades que la civilización ha tratado de vedar° con éxito limitado, todos los crímenes monstruosos que hemos podido cometer o imaginar, vuelven a la superficie como posibilidades tentadoras°, en todo su brillo de seducción. Si quieren acabar con todo, pueden hacerlo. Y esto es lo que está ocurriendo.

¿Se acordará Ud. de que hace dos semanas cayó un chubasco° enorme en la parte del pueblo donde viven los Johnson? Seguramente le han informado que todo era culpa de Horacio. Estaba regando° su jardín y olvidó apagar su máquina de producir lluvia antes de salir para la escuela. (La suya es una de las más complicadas del país, superior a las que manejan los otros niños de por aquí). Nadie supo cómo detener la operación, y en vez de ocasionar una llovizna° en el jardín y el huerto° se produjo una especie de monzón°, y la lluvia inundó° unos dos o tres metros la planta baja° de su residencia. Lo único que supo hacer el Sr. Johnson fue precipitarse a la escuela para recoger a su hijo y llevárselo para que pudiera apagar° la monstruosa maquinaria. Cuando saltó del helicóptero corrió hacia Horacio y lo increpó° duramente. Me di cuenta de la cólera° del muchacho, que nunca toleró interrupciones durante sus horas de estudio. Horacio estaba sumergido en la lectura de un viejo y polvoriento° libro de antropología, de esos que nos enviaron hace un par de años de la Secretaría, y su gesto de odio fue muy claro. Su padre lo arrastró°, el niño resistió, pero a causa del rápido gesto del padre el libro cayó al suelo. Lo recogí, y el niño me miró

100 **nada...** nothing to do with

105 caves

cereal, oats

capa... cerebral cortex

goes back
115 prohibit

tempting

120

cloudburst

watering
125

light rain
orchard / monsoon
130 flooded / **planta...** ground floor

shut off
scolded
135 anger

dust-covered

140 **lo...** dragged him off

con temor. Al principio creí que estaba pensando en el castigo que le esperaba. Pero debía haber recordado que ya no les castigan, y que además no se asustan fácilmente.

145 Cuando los Johnson, padre e hijo, se habían marchado ya, recogí el libro. Era el primer tomo del viejo estudio de Caso[1], sobre la religión de los aztecas. Casi estaba felicitándome por haberle inspirado tanto interés por el pasado; todavía no sospeché nada. Iba a reemplazar el libro cuando observé

150 algo entre las páginas. Saqué un papel, escrito con letras grandes e irregulares, con su letra°. Gracias a este texto, escrito por un niño de siete años, puedo asegurarle que no me equivoco, que en efecto él fue el autor del manifiesto que sigue, y que transcribo ahora:

155 MANIFIESTO INFANTIL

Niños del mundo, uníos°. Romped vuestras cadenas°. En los últimos cien años, las herramientas° de la producción han cambiado. Los hombres no producen ya lo que necesitamos. Todo trabajo importante está hoy en-

160 cargado a los robots: los adultos salen sobrando°. Y cuando se mueren hay que enterrarlos en una tierra que podríamos convertir en campos deportivos. Nuestro problema: deshacernos de° los adultos, sin darles muerte ni enterrarlos, actividades inmorales y sobre

165 todo poco prácticas.

Acordaos°, niños, de que el único ingrediente necesario para la vida es el que nosotros controlamos. Pero la sequía° nos afecta a todos; no podemos dejar de producir la lluvia o moriremos todos juntos. Sin em-

170 bargo, nuestros clubes infantiles disponen ya de máquinas productoras de lluvia capaces de arrojar° objetos más allá de la atmósfera. Basta con cargarlas de esos objetos inútiles, odiosos, opresores: los adultos. Cualquier adulto puede ser colocado en nuestros cohe-

175 tes° y lanzado en una órbita fácil de calcular. No queremos destruirlos, sino enviarlos muy lejos, a un lugar en que sus prejuicios y su lenta e incurable estupidez no puedan ya molestarnos. Cuando, muchos años en el futuro, vuelvan al campo de gravedad de la tierra, los

180 cambios químicos determinados por la enzima aplicada y por el paso del tiempo los habrán reducido a

[1] Alfonso Caso (1896), Mexican anthropologist who wrote *La religión de los Aztecas*, 1945.

---

144 EL FUTURO: SÁTIRA, IRONÍA, TERROR

su aspecto esencial, a su misión biológica: se habrán
convertido en semillas. Entonces volverán a vivir, puri-
ficados por su experiencia: volverán a nacer como
niños, más felices y más sabios que antes. Nuestra   185
labor revolucionaria ya ha comenzado...

Lo probable es que el Sr. Johnson llegó en aquel mo-
mento, interrumpiendo la redacción° del manifiesto. Pero,   *drafting*
como habrá comprendido, el mundo ideal que Horacio y su
grupo proyectan es un mundo pre-adolescente, de juegos y   190
alegría insensata°, sin sentimientos profundos, sin sexualidad   *nonsensical*
ni sentido de la muerte, y, sobre todo, sin nosotros.
Sospecho que usted creerá que se trata simplemente de
un ejercicio retórico llevado a cabo° por un niño neurótico y   **llevado...** carried out
exaltado°, un texto improvisado que nada prueba. De acuer-   195   with exaggerated ideas
do°; y por eso mismo yo no dije nada a nadie, volví a colocar   **De...** okay
el papel entre las páginas del libro, esperando que Horacio
no se diera cuenta de que lo había leído. Pero no dejé de
fijarme en° lo que Horacio seguía haciendo, en su incensante   **no...** I didn't stop observing
actividad.   200
No sé si lo mismo le habrá ocurrido a usted, Demetrio;
para mí siempre ha sido difícil juzgar la manera de obrar de
ese muchacho. Posee una belleza demasiado deslumbrante°,   *blinding*
una cabellera° hecha de sacacorchos° dorados y unos ojos de   *head of hair / corkscrews*
un azul a la vez transparente y penetrante, ojos que nunca   205
pude mirar de frente°. Como si fuera él el maestro, yo su dis-   **de...** face to face
cípula. A veces sentía sus ojos fijos en mi cuerpo, en mi
espalda, vibrando y taladrando° como máquinas de rayos X, y   *piercing*
tenía miedo. Nunca creí poder ocultarle mi secreto demasiado
tiempo. Entendí que él se dio cuenta de todo el día de la   210
invitación de su madre. Un té para la familia y unos pocos
amigos. Me recibió cordialmente, y después me dijo que acababan de conversar con su hijo. Bueno, como suele ocurrir,
empezamos por quejarnos de la sequía y del mal funcionamiento de muchas de las máquinas de fabricar lluvia con-   215
fiadas a los niños. Horacio, como si sintiera que lo criticába-
mos a él personalmente, protestó y afirmó que su máquina era
perfecta, achacando° el mal funcionamiento a la altura; había   *attributing*
encontrado la solución, y ofreció enseñármela en su nueva
instalación. Ya habrá adivinado° dónde la había instalado. Al   220   *guessed*
enterarme de que la había instalado en lo alto de la pirámide
recordé mi clase de la semana anterior. Entonces no pude
comprender por qué Horacio se había sonreído extrañamente,
casi con una mueca°. Les había hablado de la religión de los   *grimace*

contener... keep from laughing

bien... very different
refuse

warn him

engagement

top

crashed
facts

se... insisted

try out / toy

wreckage / take-off

225 aztecas, con sus sacrificios humanos en lo alto de las pirá-
mides, ceremonias que creían necesarias para que prosi-
guiera el ciclo de fenómenos naturales. Mientras yo hablaba,
Horacio y sus amigos apenas podían contener la risa°. Ahora
sí entiendo la relación entre aquella máquina y la pirámide
230 que usted ha visitado tantas veces. No se trataba de elevar la
máquina para crear lluvia; el propósito era bien distinto°.

Sin embargo, no pude rechazar° fácilmente la invitación
de Horacio. El padre se ofreció para transportarnos en su
helicóptero. Parecía igualmente interesado en observar el fun-
235 cionamiento de la máquina en su nueva posición. Ahora me
doy cuenta de que hubiera debido advertirle° del peligro.
Pero entonces sólo pensaba en escaparme, en mi propia salvación. Dije que tenía otro compromiso°, me era imposible
acompañarles. Tuve miedo: eso es todo. Horacio pareció
240 entristecerse, pero no protestó. Me marché casi en seguida.

Justamente al llegar a casa oí el zumbido del helicóptero
y pensé que me estaban siguiendo. Pero vi cómo el aparato
aterrizaba en la cima° de la pirámide. Transcurrieron unos
minutos, y después oí la explosión.

245 Usted cree saber lo que ocurrió. Cree que lo que dijo el
periódico es cierto, que el helicóptero no funcionaba bien,
que chocó° contra la cúspide de la pirámide. Todo ello pura
invención de Horacio. Pero hay otros datos° que sólo puedo
sospechar. Por ejemplo: me preocupa por qué Johnson se
250 empeñó° en ver la máquina infernal en aquel momento. Podía
haberla examinado en otra ocasión. Pero cuando se trata de
lanzar cohetes espaciales, lo sabemos, la hora exacta es
importante. El lanzamiento tenía que ser llevado a cabo en
aquel momento, precisamente; y la víctima elegida, es decir,
255 yo, se había escapado. Lo más práctico fue substituirme por
otra víctima.

Creo que ya me he referido al asombroso poder de suges-
tión de ese niño. Casi todos hemos hecho lo que él deseaba.
Su padre tuvo que complacerlo. Y después, tras inspeccionar
260 la máquina, quizá sospechó su nueva función, y entonces
pasó a convertirse en un peligro para su hijo, para todo el
grupo. Quién sabe cuántos de ellos se hallaban allí, en la
cima, esperando la llegada del helicóptero y el momento de
estrenar° aquel juguete° superior. ¿Se da cuenta ahora de la
265 razón por la cual no se halló ningún cadáver entre los escom-
bros° del helicóptero? Y nadie oyó el despegue° del cohete
porque fue sincronizado con la destrucción del helicóptero.

¿Duda todavía de lo que le estoy revelando, Demetrio?

Relea usted el manifiesto escrito por Horacio. Un niño como
él no podía vacilar en sacrificar a su padre para poner de 270
relieve°, frente a los otros niños, nuestros futuros amos°, la
nueva moralidad. Pero si quiere convencerse de veras, llame
a la capital y haga venir peritos° que examinen la máquina de
fabricar lluvia. Estoy segura de que concluirán que el motor
es demasiado poderoso para su objetivo normal. Hágalo, 275
Demetrio, antes de que desaparezca también la señora Johnson o cualquier otro adulto.

    Usted sabe perfectamente que durante los últimos meses
son centenares de personas las que han desaparecido en
distintos países, muchos más de lo normal. Y lo único que las 280
víctimas tienen en común es que antes de desaparecer fueron
vistos en compañía de algún niño. Y los niños, por extraña
coincidencia, regresaron, se salvaron de todo peligro. Regresaron a sus hogares° para seguir jugando con sus máquinas
de fabricar lluvia. 285

    Bueno, Demetrio, ya le he contado todo. Hoy terminan las
vacaciones de primavera y mañana empieza el nuevo se-
mestre. Pero yo no regreso a la escuela. No puedo volver a
mirarle. No puedo aguantar° que él me mire sabiendo que en
cualquier momento puede pasar... no sé qué. No puedo vivir 290
más rodeada por estas miradas malignas, siempre sospe-
chando y temblando de miedo. Por eso me voy muy lejos de
aquí. Para mejor seguridad ni a usted le digo adonde. Pero
voy a tratar de enterarme de lo que pasa aquí. Si usted cree
que vale la pena salvar nuestra civilización, Demetrio, tiene que 295
hacerme caso°. Acuérdese de que el futuro mismo de la humanidad está en sus manos.

    Rezaré° por usted. Un abrazo.

Matilde.

poner... point out / masters

experts

homes

tolerate

hacerme... pay attention to
me

I will pray

EJERCICIOS

I. Verbos—Transformaciones

Cambie cada frase, siguiendo el ejemplo. Dé las dos formas alterna-
tivas.

EJEMPLO: Desde hace diez años estamos quejándonos de los niños.
Hace diez años que estamos quejándonos de los niños.
Hace diez años que nos quejamos de los niños.

1. Desde hace una semana estoy oyendo su voz.
2. Desde hace unos años están mandando los chicos.
3. Desde hace tres años estamos peleándonos.
4. Desde hace dos horas sigo esperándote.
5. Desde hace muchos meses los mayores seguimos desapareciendo.

II. Sustituciones

Haga los cambios necesarios en el verbo.

EJEMPLO: Ahora yo revelo la verdad.
(Él exige que) _____.
Él exige que ahora yo le revele la verdad.

1. Le tengo miedo.
   (No es que) _____.
2. Él pega a su hijo.
   (El Estado prohibe que) _____.
3. Siempre sacamos conclusiones lógicas.
   (Dudo que) _____.
4. Los jóvenes fingen ignorancia.
   (Él les decía a los jovenes que) _____.
5. No puedo contestarle.
   (Siento que) _____.
6. Hoy llueve demasiado.
   (Temía que) _____.

III. Sustituciones

Sustituya la parte en negrilla de cada frase por una de las expresiones siguientes:

se trata de, no tenerle confianza (a alguien), tener certeza, salir sobrando, darle la gana (a alguien), soler, fijarse en, llevar a cabo

1. No **me fío de** usted.
2. Hoy día los mayores **son superfluos.**
3. Los niños hacen lo que **quieren.**
4. **Es cuestión de** un asunto muy serio.
5. Sobre este punto no **estoy seguro.**

6. Antes **teníamos costumbre de** quejarnos mucho.
7. Nunca **efectuaron** la construcción del nuevo cohete.
8. La maestra dudó que Demetrio **observara** el cambio de su actitud hacia los niños.

IV. ¡Ojo!

Sensato quiere decir *sensible;* **sensible,** *sensitive;* **sentido,** *sense, meaning;* **sentimiento,** *feeling.*

Utilice la palabra correcta en las frases siguientes:

1. El jefe de policía es un hombre _____ que no hace tonterías.
2. Dicen que las mujeres son más _____ que los hombres, por lo menos en cuanto a los _____ de otras personas.
3. No se pusieron de acuerdo acerca del _____ de su declaración.
4. Los ciegos tienen el _____ del oído muy desarrollado.

V. Preguntas

1. ¿Quién es la persona que escribe la carta?
2. ¿Qué noticias le da al jefe de policía?
3. Según ella, ¿en qué estado se encuentra el Sr. Johnson?
4. ¿Qué le pasará al Sr. Johnson al cabo de cincuenta años?
5. ¿Por qué tiene ella que escribirle a Demetrio?
6. ¿Qué hará ella después de escribir la carta?
7. ¿Qué es lo que ya han hecho los niños en contra de la sociedad?
8. ¿Qué recursos tienen sus padres y los maestros para castigarles?
9. ¿Qué había pasado en los últimos años con respecto a la inteligencia de los niños?
10. ¿Cuáles son las posibles explicaciones de estos cambios según la escritora?
11. ¿Qué clase de máquinas controlan los niños ahora?
12. ¿Por qué se enojó Horacio con su padre?
13. ¿Cuál era el secreto que descubrió la maestra?
14. ¿Cuál era el propósito de Horacio y su grupo?
15. ¿Cómo era Horacio físicamente?
16. ¿Cómo explicó Horacio el mal funcionamiento de su máquina?
17. ¿Dónde la habían instalado ahora?
18. ¿Por qué no le advirtió el peligro la maestra al padre de Horacio?

19. ¿Cuál era el poder asombroso de Horacio?
20. ¿Por qué no oyó nadie el despegue del cohete?
21. ¿Cuáles son los otros acontecimientos asombrosos que están ocurriendo en los últimos meses?

VI. Temas para conversación o para ensayos escritos

1. ¿Qué tiene que ver la religión de los aztecas con los propósitos de Horacio?
2. ¿Cómo explica usted el título de este cuento?
3. ¿Le parece loca o cuerda (*sane*) la narradora de los acontecimientos?
4. ¿Cree usted que existen hoy los fundamentos de una lucha entre generaciones?
5. ¿Cree usted que debemos darles más o menos derechos a los niños? Explique.
6. En este cuento se mencionan dos peligros del futuro, la falta de agua —la sequía— y el excesivo número de personas —la sobrepoblación. ¿Cree usted que estos peligros son los más importantes? Si no, ¿cuáles son los peligros que usted citaría en un cuento de ciencia-ficción que trate del futuro?

JUAN JOSÉ ARREOLA

*Some rumors should be laid to rest. For instance: Juan José
Arreola is not the reincarnation of an Aztec witch doctor. He is
not the ghostly image of a figure from a painting by Hieronymus
Bosch. Neither is he the translucent double of a character in a
certain short story by Franz Kafka. He is a bona fide living Mexican writer, born in 1918, who is one of the undisputed masters of
the modern short story. He is tall and very thin, has restless
eagle eyes and a mane of unruly hair. He is a personal friend of
the editors of this book, who vouch for his being a real—if ex-
tremely nervous—person.*

Some of his books of short stories, such as Varia invención
(1949) and Confabulario *(1952), have become best sellers in the
Spanish-speaking world, and justly so: he combines the wildest
fantasy with the most accurate realism; he manages to surprise
and shock the reader at every turn; more often than not he pulls
the reader's leg, and by doing so, elicits a smile, a chuckle, and
finally enthusiastic applause. His technique has been defined as
"controlled exaggeration." His satire is often biting yet never
bitter. He loves medieval Gothic tales yet, as the story we include
makes clear, is perfectly at home in the world of industry,
progress, trade, salesmanship—today's world—and ultimately, the
slightly chaotic, slightly greedy, slightly absurd world of the
future.*

BABY H. P.

Señora ama de casa°: convierta usted en fuerza motriz° la
vitalidad de sus niños. Ya tenemos a la venta° el maravilloso
Baby H.P., un aparato que está llamado a revolucionar la
economía hogareña°.

    El Baby H.P. es una estructura de metal muy resistente y   5
ligera que se adapta con perfección al delicado cuerpo infantil, mediante cómodos cinturones°, pulseras°, anillos° y bro-
ches°. Las ramificaciones de este esqueleto suplementario
recogen cada uno de los movimientos del niño, haciéndolos
converger en una botellita de Leyden[1] que puede colocarse   10

ama... housewife / **fuerza...**
  motor power
on sale

economía... home eco-
  nomics

belts / bracelets / rings
brooches

---

[1] **botellita de Leyden:** Leyden jar, a device to store static electricity, a sort
of primitive condenser or rechargeable battery.

en la espalda o en el pecho°, según necesidad. Una aguja° indicadora señala el momento en que la botella está llena. Entonces usted, señora, debe desprenderla y enchufarla° en un depósito especial, para que se descargue automáticamente. Este depósito puede colocarse en cualquier rincón° de la casa, y representa una preciosa alcancía° de electricidad disponible en todo momento para fines de alumbrado° y calefacción°, así como para impulsar alguno de los innumerables artefactos que invaden ahora los hogares.

De hoy en adelante usted verá con otros ojos el agobiante ajetreo° de sus hijos. Y ni siquiera perderá la paciencia ante una rabieta° convulsiva, pensando en que es una fuente generosa de energía. El pataleo° de un niño de pecho° durante las veinticuatro horas del día se transforma, gracias al Baby H.P., en unos útiles segundos de tromba licuadora°, o en quince minutos de música radiofónica.

Las familias numerosas pueden satisfacer todas sus demandas de electricidad instalando un Baby H.P. en cada uno de sus vástagos°, y hasta realizar un pequeño y lucrativo negocio, trasmitiendo a los vecinos un poco de la energía sobrante. En los grandes edificios de departamentos pueden suplirse satisfactoriamente las fallas° del servicio público, enlazando° todos los depósitos familiares.

El Baby H.P. no causa ningún trastorno° físico ni psíquico en los niños, porque no cohibe° ni trastorna sus movimientos. Por el contrario, algunos médicos opinan que contribuye al desarrollo armonioso de su cuerpo. Y por lo que toca a su espíritu, puede despertarse la ambición individual de las criaturas, otorgándoles° pequeñas recompensas° cuando sobrepasen sus récords habituales. Para este fin se recomiendan las golosinas° azucaradas, que devuelven con creces° su valor. Mientras más calorías se añadan a la dieta del niño, más kilovatios se economizan en el contador eléctrico.

Los niños deben tener puesto día y noche su lucrativo H.P. Es importante que lo lleven siempre a la escuela, para que no se pierdan las horas preciosas del recreo, de las que ellos vuelven con el acumulador rebosante° de energía.

Los rumores acerca de que algunos niños mueren electrocutados por la corriente que ellos mismos generan son completamente irresponsables. Lo mismo debe decirse sobre el temor supersticioso de que las criaturas provistas de un Baby H.P. atraen rayos y centellas°. Ningún accidente de esta naturaleza puede ocurrir, sobre todo si se siguen al pie de la letra° las indicaciones contenidas en los folletos explicativos que se obsequian° en cada aparato.

---

chest / needle

plug it in

corner
piggy bank
lighting
heating

agobiante... frenzied activity
tantrum
kicking / niño... baby

tromba... electric mixer

sons and daughters

blackouts
linking
trouble
inhibit

granting them / rewards

candies / con... with interest

brimming

lightning bolts

al... scrupulously
se... are included free of charge

El Baby H.P. está disponible en las buenas tiendas en distintos tamaños, modelos y precios. Es un aparato moderno, durable y digno de confianza, y todas sus coyunturas° son extensibles. Lleva la garantía de fabricación de la casa J.P. Mansfield & Sons, de Atlanta, Ill.

° joints

60

EJERCICIOS

I. Definiciones

1. Un instrumento para coser se llama _____.
2. Los adornos que llevamos en los dedos se llaman _____.
3. La acción de conectar un instrumento eléctrico con la fuente de electricidad, expresada por un solo verbo, es _____.
4. Un ataque de cólera también se llama _____.
5. El utensilio que combina varios elementos de comida rápidamente se llama _____.
6. Otra manera de llamar a los dulces es _____.
7. Hacer algo escrupulosamente es hacerlo _____.
8. Otra manera de decir *regalar* es _____.

II. Preguntas

1. ¿De qué clase de aparato se trata en este cuentito?
2. ¿Cómo se coloca el aparato sobre el sujeto?
3. ¿Dónde se coloca la botellita de Leyden?
4. ¿De qué sirve esta botellita?
5. ¿Cómo se sabe cuándo está llena la botella?
6. Después ¿qué se hace con este objeto?
7. ¿Cuáles son algunos de los fines para los cuales sirven la botellita y su contenido?
8. ¿Cómo va a cambiar su actitud hacia el agobiante ajetreo de sus hijos?
9. ¿Cuál es el efecto físico o psíquico sobre el desarrollo del niño?
10. ¿Dónde se puede conseguir este aparato?

III. Temas para conversación o para ensayos escritos

1. ¿Ha pensado usted en invenciones como ésta? Explique una.
2. Aunque de manera chistosa, el artículo enfoca un problema de suma importancia para las generaciones futuras. En su opinión, ¿cómo vamos a conseguir la energía necesaria?

JOSÉ MARÍA CARRASCAL

VACUNA CONTRA EL AMOR

17 de agosto de 1996 — Teletipo de Associated Press.

New York — En el Congreso° de Neurología que se está celebrando en esta ciudad, el Dr. Luis Antavini, 42 años, argentino, informó que «ha conseguido aislar el componente
5 químico del amor» que opera sobre las células cerebrales y el entero sistema neurovegetativo. Según el doctor Antavini, «el aislamiento de la erotina, nombre que ha dado a la substancia, abre el camino para una vacuna antiamorosa».

headlines 18 de agosto — Titulares° en primera página del Daily
10 News: «VACUNA CONTRA EL AMOR».

New York Post: información en segunda página, «¿Vacuna contra el amor?», a dos columnas.

El New York Times inserta la noticia de A. P. en la página 72.

15 19 de agosto — Daily News: reportaje y entrevista con fotos con el Dr. Antavini en las páginas centrales.

artículo... feature article New York Post: artículo de folletón° bajo título «El amor, no en el corazón, sino en la cabeza», con resumen de los principales romances de la Historia.

Poll 20 de agosto — Encuesta° en el News a la pregunta «¿Aceptaría usted vacunarse contra el amor?», con la contestación de la actriz Benny Love en los títulares: «A mí, no me haría efecto.»

21 de agosto — Daily News, en primera página, con foto,
line, queue 25 «Cola° ante el hotel donde se aloja el Dr. Antavini para vacunarse contra el amor.» Reportaje en tercera página.

22 de agosto — News: «¿Mercado negro para la vacuna amorosa?», con crónica de Londres en la que se recoge el rumor de que la familia real se ha interesado discretamente en el descubrimiento, para vacunar al Príncipe heredero. 30

23 de agosto — Editorial del New York Times: «Aún considerando que la información periodística general no puede ser nunca tan rigurosa, ni pretender serlo, como la de las publicaciones especializadas, ha sido siempre política° del   **policy**
N. Y. T., sobre todo en el campo médico, prestar la máxima 35 atención a las novedades que se van produciendo en el mismo con la mayor escrupulosidad posible, a fin de no provocar falsas alarmas o desmedidos° optimismos.   **excessive**
En los últimos días, hemos tenido de nuevo ocasión de ser espectadores de uno de estos lamentables incidentes, provo- 40 cados por lo que sólo reluctantemente calificamos de histerismo en torno a° la llamada «vacuna antiamorosa». Es nues-   **en...** with respect to
tra opinión que si el Dr. Antavini ha descubierto algo realmente efectivo en materia tan delicada, el lugar donde debe exponerlo son los círculos profesionales médicos, no las pági- 45 nas de los periódicos.
El N. Y. T., pese a° la fama que goza de «sesudo°», no   **pese...** in spite of / brainy
tiene inconveniente° en confesar de forma pública el elevado   **no...** has no objection to
concepto que tiene de un sentimiento como el amor, que tanto ha contribuido al progreso y libertad de los hombres. Es pre- 50 cisamente por lo que contempla preocupado su banalización°,   **trivialization**
enmascarada en algo que más nos recuerda los filtros amo-
rosos° medievales que una verdadera conquista de la cien-   **filtros...** love potions
cia.»

24 de agosto — Carta del Dr. Luis Antavini al Director de 55 New York Times, publicada en éste°:   **this (newspaper)**
«Distinguido Director:
Con tanto asombro como amargura°, leo en el periódico   **bitterness**
de su digna dirección el editorial donde se comentan mis modestas realizaciones científicas. Asombro, porque nunca 60 pude imaginar que un periódico tan concienzudo° como el   **conscientious, thorough**
New York Times pasase por alto° hechos tan evidentes. Amar-   **pasase...** omit
gura, porque una vez más veo denigrado el fruto de mis descubrimientos, en esta ocasión ante ancho foro°.   **ancho...** wide public
Distinguido Director: este modesto investigador argentino 65 no eligió las páginas de los periódicos para dar a conocer el

resultado de su trabajo, sino la tribuna más excelsa que pudiera caber: el Congreso de Neurología, celebrado en esta metrópoli entre el 12 y el 19 de agosto. Su periódico dio
70 cuenta de él, por lo que mi asombro ante su inexcusable editorial es bien fundado.

No se trata, pues, de «filtros medievales», sino de ciencia con todos los atributos de exactitud°, respeto a la verdad y al individuo, como es norma en la gloriosa República de la que
75 tengo el honor de ser ciudadano. Y ya que se me ataca, no tengo más remedio que defenderme, con las únicas armas que tengo: mis descubrimientos. Permítame, distinguido Director, hacer breve resumen de los mismos, para el esclarecimiento° de sus lectores:

80 Es teoría reconocida que cada conocimiento° o sentimiento° tiene una «ficha°» química en el cerebro, esto es, un determinado compuesto° de la clase de las glycoproteínas —cadenas de aminoácidos unidas a una molécula de azúcar—, en las que caben° las más diversas modificaciones. Hambre,
85 frío, sed, han venido localizándose en sus respectivos compuestos desde que el Profesor Delgado descubrió en unas ratas el correspondiente al del miedo a la oscuridad, que inyectado a otras, se transmitía a ellas. Mi trabajo ha consistido en localizar la glycoproteína correspondiente al amor,
90 cosa nada fácil, pues se trata de un sentimiento elevado —como bien apunta el New York Times—, que no debe confundirse con las simples ansias° sexuales. No voy a abusar de su paciencia y espacio describiendo paso a paso mis investigaciones, que han llevado cinco años, pero puedo asegurarle
95 que he conseguido aislar el complejo amoroso, la erotina, gracias a la colaboración de un joven despechado°, cuyo nombre reservo° por razones obvias. Sólo debo añadir que la confirmación de mi hallazgo° la tuve al inyectarme yo mismo —siguiendo el ejemplo de sabios de otras épocas— una
100 dosis de dicha substancia, tras lo que empecé a sentirme atraído inmediatamente por la misma señorita, que hoy en día es mi esposa.

No se detuvieron ahí°, sin embargo, mis investigaciones, sino que enseguida comprendí que, aunque sólo fuese para
105 ayudar al joven que tan generosamente se había prestado a los experimentos, debía descubrir la forma de neutralizar la erotina y a ser posible°, encontrar una vacuna contra ella. Como sabe cualquier científico, eso era ya fácil. Teniendo la causa, se tiene ya en potencia la forma de anularla, y todo fue
110 cuestión de múltiples ensayos para desmontar° la molécula

precision

information
bit of knowledge, known fact / feeling
code
compound

are possible

urges

disappointed
omit
discovery

No... Did not stop here

a... if possible

analyze

erótica y buscar un producto que bloquease su formación. El joven al que me he referido está hoy perfectamente curado de su anterior «dolencia amorosa», y hasta ha contraído matrimonio con una bella joven de la sociedad platerense°.

of Buenos Aires

Distinguido Director: No ha sido la puesta en duda° de mi capacidad científica —los que nos dedicamos a esta tarea° tenemos que estar dispuestos al martirio— lo que me ha dolido° de su acerado° editorial, sino la impresión que de él se desprende° de que no he tomado en serio al amor. Bien al contrario, sólo el altísimo concepto que de él tengo me indujo a orientar mis investigaciones hacia ese campo, en vez de hacia otros mucho mejor remunerados. Fueron también consideraciones humanitarias: ¿cuántos sufrimientos, lágrimas, noches en vela°, vidas deshechas, carreras perdidas, honras destrozadas, suicidios, crímenes, sí, Director, crímenes, se hubieran evitado de haberse descubierto ya la vacuna antiamorosa? Es un tema que ofrezco a su reflexión sin rencor, pues los argentinos somos, ante todo, generosos.

115

la... calling into question
endeavor

hurt / sharp
se... can be deduced

120

en... sleepless

125

Con los saludos atentísimos de
Dr. Luis Antavini»

130

25 de agosto — Teletipo de United Press International:
Washington — La Agencia Federal de Salud Pública ha prohibido la fabricación, entrada y venta de la llamada «vacuna antiamorosa» en los Estados Unidos, pendiente de° los controles sanitarios que regulan la salida de todo producto al mercado.

pendiente... subject to

135

26 de agosto — The Arkansas Gazette: Información sobre el Congreso de Neurología y noticia sobre una «vacuna antiamorosa».

28 de agosto — Anuncio a toda página° en «Newsweek» y «Time» de diversas compañías aéreas con ruta a Buenos Aires: «Pase sus vacaciones en Argentina y vacúnese al mismo tiempo contra el amor. Los productos del Dr. Antavini pueden obtenerse allí sin receta°. Ocho días de estancia en hotel de primera, desayuno incluido, y pasaje°, 12.500 dolares.»

140

a... full-page

prescription

145

fare

29 de agosto — Crónica del corresponsal del Washington Post en París: «La moda° de la vacuna antiamorosa alcanza Europa. En Saint Tropez, los jóvenes vacunados llevan ca-
150 denas con corazón metálico ante los que se rompe una flecha.»

30 de agosto — Naciones Unidas — Delegados del Tercer Mundo han denunciado la «conspiración capitalista» al amparo° de la vacuna antiamorosa, para frenar la demografía y
155 perpetuar la división entre países desarrollados y en desarrollo. El delegado norteamericano intervino recordando la ayuda exterior que viene prestando su país desde el Plan Marshall, negar cualquier participación de su gobierno en este asunto y advertir que ha prohibido la vacuna antiamo-
160 rosa. El delegado soviético calificó la publicidad en torno al asunto como «un síntoma más de la bancarrota° del sistema capitalista», y el representante chino denunció el hecho como «conspiración de las dos superpotencias, que aspiran a repartirse el dominio del mundo».

165 15 de septiembre — Información en el Village Voice sobre los incidentes en una comuna del East Village: «El establishment, sólo preocupado por las ganancias que pueda sacar a esto o lo otro, no ha prestado atención, o no ha querido prestarla, a los graves incidentes ocurridos la semana pasada en
170 la comuna «Mycountry», situada en Saint Mark's Place, número 17. Todos los miembros de la misma, incluidos cinco gatos, tres perros, diez pájaros y una tortuga°, ingirieron° la vacuna del Dr. Antavini, que empieza a circular por los círculos underground a precio superior a la heroína. Pero ya
175 porque° no se encontraba en buenas condiciones, ya porque no surte° el efecto que aseguran, el caso es que dos de los miembros femeninos se enamoraron violentamente de uno de los comuneros, aunque hay la sospecha de que lo estaban ya antes, disimulando por el clima antiburgués que reinaba en la
180 comunidad. La vacuna debió provocar exageradas espectaciones porque trajo una violenta discusión, primero entre las dos chicas, luego entre todos, con golpes como final. Alarmada por los vecinos, la policía intervino con su proverbial brutalidad, etc., etcétera.

185 30 de septiembre — Comunicado de la Fundación Rockefeller:

Margin glosses:

fad

al... under cover

bankruptcy

turtle / swallowed

ya... either because

yield

«Ante el interés general, gravedad de los acontecimientos y contradicciones que reinan en torno a la llamada «vacuna antiamorosa», esta Fundación creyó oportuno pedir a su equipo neuroquímico que estudiase con rango de prioridad el asunto. Su informe nos fue transmitido ayer, y establece: 190

1.º—Que las investigaciones del Dr. Antavini, se fundan en correctas bases científicas, esto es, que hay una relación entre conocimientos, sentimientos° y glycoproteínas. En este sentido, puede considerarse que el amor tiene una «ficha» cerebral a base de dichos° compuestos. 195

     feelings, emotions

     said

2.º—Lo que no puede es generalizarse, esto es, considerar que se ha descubierto el compuesto químico amoroso, por sólo haber localizado uno de ellos. De 24 casos pasionales estudiados en nuestro laboratorio durante las últimas sema- nas, los únicos encontrados en todo Nueva York, 23 arrojan° glycoproteínas de estructuras parecidas, pero no idénticas, y sobre el último reina todavía la duda entre nuestros investi- gadores. 200

     show

Los resultados experimentales corresponden, pues, a la observación común de que hay muy distintas clases de amor: apasionado, tímido, generoso, brutal, tierno, platónico, erótico y cientos de variedades más, cada una con su correspon- diente glycoproteína. 205

De un modo provisional, nuestros análisis arrojan también que un mismo sujeto puede inspirar y sentir muy distintas clases de pasión amorosa según sea la otra persona envuelta. Lo que nos permite llegar a la conclusión de que no hay una sola «molécula del amor» y, por tanto°, es inútil buscar una vacuna preventiva contra tan antiguo sentimiento, congratu- lándose de ello la Fundación Rockefeller, siempre al servicio de los más altos ideales de la Humanidad.» 210

     therefore

215

EJERCICIOS

I. Sustituciones

Sustituya la parte en negrilla en cada frase por una de las expre- siones siguientes.

pasar por alto, alojarse, sentirse atraído por, doler, hacer caso (a), dar a conocer (a), en torno a

1. El doctor **vive** en un hotel en la calle principal.
2. El periódico **no mencionó** el descubrimiento del doctor.
3. La falta de atención por parte del periódico le **hacía sufrir** mucho.
4. El estudiante **se enamoró de** la ayudante del doctor.
5. Algunos periódicos no **prestaron atención** a las novedades en el campo médico.
6. Nos referimos al histerismo **acerca de** la llamada vacuna antiamorosa.
7. Ayer el doctor Antavini le **informó a** la prensa que había conseguido aislar el componente químico del amor.

II. Vocabulario

Haga usted nombres, empleando los verbos siguientes.

EJEMPLO: conocer—**conocimiento**
informar—**información**

modificar	publicar	investigar
estar	provocar	sentir
dominar	conocer	informar

¡Ojo con las formas siguientes!

conquistar	ganar	saber	salir
hallar	ayudar	perder	doler

III. Definiciones

¿Verdad o mentira?

1. Pasar una noche en vela es pasar la noche sin dormir.
2. Si usted pasa por alto algunos hechos, es que les da mucha importancia.
3. Si usted no tiene inconveniente en hacer algo, eso quiere decir que le molesta hacerlo.
4. El hecho de no tomar algo en serio equivale a ponerlo en duda.

IV. Preguntas

1. ¿Qué es lo que ha descubierto el doctor Antavini?
2. ¿Cuál es la importancia de su descubrimiento?
3. ¿Cómo explica usted la relativa importancia que reciben estas noticias en el *Daily News, New York Post* y *New York Times*?
4. ¿Cuál es la opinión del *New York Times* acerca de los hallazgos de Antavini?
5. ¿Cuál es el concepto que tiene el mismo periódico acerca del sentimiento del amor?
6. ¿De qué les acusa Antavini a los editores del *N. Y. T.*?
7. ¿En qué teoría está basado el descubrimiento de Antavini?
8. ¿Quién ha sido uno de los primeros investigadores en este campo?
9. ¿Cómo se aseguró él (Antavini) de que realmente había aislado el complejo amoroso?
10. ¿Por qué buscó una manera de neutralizar los efectos de la erotina?
11. ¿Cuál ha sido la actitud del gobierno americano acerca de esta vacuna (la antiamorosa)?
12. ¿Cuál es la actitud del tercer mundo? ¿de la Unión Soviética? ¿de la China?
13. ¿Cuál es la conclusión de la Fundación Rockefeller con respecto a la vacuna?

V. Temas para conversación o ensayos escritos

1. ¿Cuál tendría mejor venta en los Estados Unidos, una vacuna amorosa o una vacuna antiamorosa?
2. Comente sobre las ventajas y desventajas de las dos vacunas (si existieran).
3. ¿Aceptaría usted vacunarse contra el amor?
4. ¿Qué opina usted acerca de la reacción del Tercer Mundo a la vacuna antiamorosa?
5. Aunque exagerados, los informes sobre las glycoproteínas, dice el autor, son verdad. También hemos oído hablar de la posibilidad de transmitir ciertos conocimientos a base de inyecciones (lo que ha sido hecho hasta ahora sólo con animales muy sencillos). ¿Cree usted que la educación del futuro puede ser diseminada a base de píldoras (*capsules*) o inyecciones de substancias que provienen de los cerebros de sabios?

VOCABULARY

Words omitted from this vocabulary include: many basic Spanish words, including the first 1000 words in Hayward Keniston, *A Standard List of Spanish Words and Idioms*, rev. ed. (Lexington, Mass.: D. C. Heath, 1941), unless a word has a different meaning in this text; most easily recognizable cognates of English words; adverbs ending in -*mente* if the corresponding adjective is listed, unless the adverb has a different meaning; verbal forms other than the infinitive, except past participles with special meanings when used as adjectives.

Gender has not been indicated for masculine nouns ending in -*o* and for feminine nouns ending in -*a*, -*dad*, -*ión*, -*tad*, and -*tud*. Adjectives are given in the masculine form only.

ABBREVIATIONS

adj	adjective		*m*	masculine
contr	contraction		*mf*	common gender
eccles	ecclesiastical		*n*	noun
f	feminine		*pl*	plural
fig	figurative		*s*	singular
interj	interjection		*v*	verb

A

abajo: boca — face down; **río —** downstream
abarcar to embrace
abatir to wear out; to depress
abeja bee
abejorro bumble bee
abertura opening
abrevadero drinking trough
abrumar to overwhelm
aburrir to bore; **—se** to become or get bored
acaecer to happen
acariciar to caress
acaudalado wealthy
acceder to give in, agree
acechar to observe; to await (in ambush)
acera sidewalk
acerado sharp

acolchonar to cushion; to stuff
aconsejar to advise
acontecimiento event
actual present, current
acuchillado sharp; slashed
acuerdo understanding; **de —** okay
acumulador storage battery
achacar to attribute
adecuado appropriate
adelgazar to grow thin
ademán *m* gesture
adentro inside
adivinanza riddle
adivinar to guess
advertir to notice
afeitarse to shave
aferrar to attach, hook; **—se** to cling to

afueras   outskirts
afuerino   migrant worker; stranger
agacharse   to crouch
agarrar   to grasp, grab, clutch
agazaparse   to crouch, hide
agobiante   exhausting
agolpar   to throng, gather together
agotar   to run out (of)
agradable   pleasant
agradar   to please
agregado   attaché
agregar   to add
aguantar   to stand, endure, bear
agudeza   sharpness; witty remark
agudísima: de marcha —   rapidly developing
águila   eagle; — de coronas   double-headed eagle
aguja   needle
agujero   hole
ahogarse   to drown
ahorrar   to save
ahuyentar   to banish
aislamiento   isolation
aislar   to isolate
ajetreo: agobiante —   frenzied activity
ala   wing; brim (of hat)
alambre m   wire
álamo   poplar
alargar   to overdo; to stretch, lengthen, elongate
alarido   scream, howl
albañil m   bricklayer
alboroto   stirring
alcahueta   go-between
alcance: a su —   within their grasp
alcancía   piggy bank
alcayota   watermelon
alcoba   bedroom
alemán m   German
Alemania   Germany
alfombra   rug
alga   alga; seaweed
algodón m   cotton
aliento   breath
aljibe m   pool, cistern
alma m   soul
almohadón m   pillow
almorzar   to have lunch
almuerzo   lunch
alojamiento   lodging
alquiler m   rent
alterarse   to get excited

alto: de —   high; pasar por —   to omit; to overlook
altura   size; height
alumbrado   lighting
alumbrar   to illuminate, light (up)
alzar   to raise, lift
ama: — de casa   homemaker, housewife
amanecer v   to wake up; to appear at daybreak; m   daybreak
amargar   to embitter
amargura   bitterness
amarilliento   yellowish
amarillo   yellow
amarra   rope
ámbito   sphere
amenazar   to threaten
amparo: al —   under cover
amurar   to abandon
anciana   elderly woman
anclar   to anchor
ángulo   corner
angustia   anguish
angustioso   anguished
anillo   ring
ánimo   spirit
anís m   anisette; anise
ansia   longing, urge
antaño   yesteryear
ante m   suede
antepasados   ancestors
anteriormente   previously
antes   rather
antever   foresee
antifaz m   mask
antojarse   to long for, fancy; to imagine; antojársele   to appear to one as
anunciar   to foretell
anuncio   advertisement; — a toda página   full-page ad
añadir   to add
apacible   gentle
apaciguador   appeasing
apaciguar   to put to rest, calm; to appease
apagar   to turn off
aparato   machine
aparcero   sharecropper
aparecido   apparition
aparentar   to feign, pretend
apartado   secluded, remote
apartar   to draw aside
apelar   to appeal

apiadarse   to take pity
aplanado   flat
aplastar   to crush
aplicación   zeal
aplicado   studious, industrious
apolillado   moth-eaten
aportar   to provide
apostar   to bet
apoyado   leaning on
aprendizaje   apprenticeship
apretar   to press against
aprisa   quickly, hurriedly
aproximarse   to approach
apuntar   to take aim; to point out
apurarse   to hurry up
aquejar   to afflict, ail
araña   spider; **letra de —**   angular handwriting
arañar   to scratch
arboleda   grove
arder   to burn
arenque *m*   herring
argolla   large ring
arista   edge
aro   hoop
arquear   to arch
arrancarse a   to tear oneself away from
arrastrar   to drag; **—se**   to drag on
arrebatar   to seize
arrebato   rapture
arrecife *m*   reef
arremolinar   to curl; to swirl
arrepentirse   to repent
arriba: noche —   into the night
arrojar   to show; to project; **—se** to throw oneself
arropar   to bundle up, wrap up
arruga   wrinkle
arzadú   poinsettia
arzobispado   archbishopric
asar   to roast
ascua   ember
asiento   seat
asignatura   subject (in school)
asilo: — **de los ancianos** old people's home
asimismo   likewise
asomar   to stick out; to come into view, appear
asombro   surprise, terror
aspaviento   wild gesture
áspero   gruff
astilla   splinter

astro: —   **cómplice**   accomplice moon
astucia   cunning
asustadizo   timid
atajo   short cut
atalaya   watchtower
atar   to tie
ataúd *m*   coffin
atender   to heed, pay attention to
aterido   frozen
aterrador   frightful, terrifying
aterrizar   to land
atesorar   to   hold   in   store;   to treasure
atinar   to manage
atractivo   attraction
atraer   to attract
atrancar   to lock up
atrapar   to grasp; to trap
atravesado   impregnated
atravesar   to cross
atrevimiento   daring
aullido   howl
ausencia   absence
ausente   absent
ave *f*   bird
avejentado   old
avena   oats; cereal
avergonzarse   to be ashamed
avería   damage; **no hay — en ellos** there's   nothing   wrong   with them
averiguar   to ascertain
avión *m*   airplane
aviso   announcement
avistar   to sight
azar: **al—**   at random; **por —**   by chance
azotar   to whip
azotea   roof, roof apartment
azúcar   sugar
azucarado   sweet

B

babor   port (side)
badajo   clapper (of bell); chatter-box; idle chatter
bajo   under
bala   bullet
balde: **en —**   in vain
balsa   lake

ballena whale
ballesta crossbow
banalización trivialization
bancarrota bankruptcy
banco bench
banda: — transportadora conveyor belt
bandada flock
bandeja tray
bandó headband
bandolera shoulder belt
banquillo stool
baraja deck of cards
barbarie *f* barbarism
barra sand bar
batir *m* yelping
bélico military; warlike
belleza beauty
bendito blessed
bibelots knickknacks
biblioteca library
bien: — distinto quite different
bienestar well-being
bifurcarse to branch out
bisutería costume jewelry
bizquear to squint
blancura whiteness
blindado armored
boceto sketch
boda wedding
boj *m* boxwood
bola ball
bombero fireman
bombilla (light) bulb
borbotón bubbling; gushing (of blood)
bordar embroider
borde *m* edge, border
borracho drunk
borrador rough draft
borroso confused
bosque forest, woods
bota boot
bóveda vault, dome
bramido howl, bellowing
brazo arm
brida bridle
brillar to shine, sparkle, glitter
brinco jump, leap
broma joke
brotar to grow, sprout; to flow
bruja witch
brujería witchcraft

brújula compass
buey *m* ox
bulto bulk, volume; **dar —** to enhance
burlado mocked
búsqueda search

C

cabalgadura horse
cabalgata band of horsemen
caballerizo stableman
cabecera: médico de — family doctor
cabellera long mane
caber to be possible; **— decir** to be able to be stated
cabida: no tener — to have no place
cabizbajo with bowed head
cacique *m* chieftain
cadáver *m* corpse
cadena chain; **romped vuestras —s** throw off your chains
caída fall
cajón coffin; chest
cal *f* chalk; lime
calavera skull
calcular to figure out; to calculate
calefacción heating
caleta cove
callado unspoken; quiet
campesino peasant
camposanto graveyard
cana gray hair
canaleta drain
Cancerbero Cerberus
candil *m* chandelier
cansancio fatigue
cantante *mf* singer
cantar *m* song
cantina wine cellar
canto song
caño stem
cañonazo cannon shot
capa: — cortical cerebral cortex
capaz capable
capelo cardinal's hat
capellán priest, chaplain
capítulo chapter
capricho whim
captación attraction
captar to win; to attract

capullo bud
carcajada: **soltar una** — to burst out laughing
cárcel *f* prison
carcelero jailer
cardenalato cardinalate
carecer to lack
cargar to load
carneado slaughtered
carnero ram
carrasca pin oak grove
carrera high road, highway; **a toda** — at full speed
cartón cardboard box
casa: — **de huéspedes** guesthouse
casco hoof
caserío village
casillero compartment
castigo punishment
cauce *m* river bed
caucho rubber
caudal *m* stream
cautivar to captivate; to win over
cavilación obsession
cazador hunter
ceder to yield, give up
cegador blinding
cegar to blind
celda cell
celebrar to hold (convention, meeting)
ceniciento ash-colored
centella lightning bolt
centenar hundred
cercanía proximity
cercar to besiege; to hem in; to surround
cerebro brain
cerilla match
cerradura lock; **ojo de** — keyhole
cerro hill
certeza certainty
cerveza beer
césped *m* grass, turf, lawn
cielo: — **raso** plaster ceiling
ciempiés *m* centipede
ciervo deer
cifra digit
cima top
cinta: —**s de envolver** decorative ribbons
cintura belt; back; waist

cinturón belt
circunvalar to surround
cirio wax candle
ciruela plum
cisne *m* swan
citar(se) to make a date, meet
ciudadano citizen
clarín trumpet
clarividencia clairvoyance
claustro cloister; — **materno** womb
clausura: **monjitas de** — cloistered nuns
clavar to fix; to stop; — **la vista** to fix one's eyes; **quedarse clavado** to stop cold
clave *f* code
clavel *m* carnation
cobrar: — **impulso** to acquire speed
cobre *m* copper; copper pot
cocido burnt
cociente: — **de inteligencia** I.Q.
cochecito: — **ligero** surrey, light horse-drawn vehicle
códice *m* manuscript
codiciar to covet
codicioso greedy
cofia bonnet, cap
coherente cohesive
cohete *m* rocket
cohibir to inhibit
cola tail, queue
colarse to slip through
colcha bedspread
cólera anger
colina hill
colmillo fang
colocar to situate; —**se** to place oneself
coloniaje *m* colonial times
colono tenant farmer
comadrona midwife
comarca district
cómico: **lo** — the funny thing
comisión committee
comisura parting of lips
comitiva group, retinue
cómodo comfortable
compartir to share
complacer to please
complejo complex
comportarse to behave

compostura composure
comprimir to compress
comprobar to verify
compromiso engagement
compuesto compound
conato attempt
conciencia consciousness
concienzudo conscientious, thorough
conciliábulo secret council
condenable condemnable, damnable
conducir to drive
conformación shape
congeniar to hit it off
conjurar to beseech
conmover to move, touch
conocimiento knowledge, known fact
conscripto draftee
conseguir to bring about; to succeed in; to obtain
conseja story, tale, legend
conserje *m* doorman
consolador consoling
constar: no me constaba I wasn't positive
constatarse to be diagnosed
construir to build
consulta judgment
contador *m* meter (for gas, etc.)
contener: — la risa to keep from laughing
contiguo adjoining
conturbar to disturb
convertirse to become
copa tree top, bower; wineglass; tomar la — to have a drink
corcel *m* horse
cordel *m* rope
corona crown
corregir to correct
correr to run; corriendo el cajón de la derecha if one pulls the chest aside
correrías: ¿Cuándo salían a hacer las —? When did they go out on forays?
corresponsal war correspondent
corriente: la — the ordinary; lo — the normal one
cotidiano daily, everyday
coyuntura joint

creces: con — with interest
creencia belief
cremallera cog railway
criado servant
criatura child; baby
crispado twitching
crispar to bristle; to twitch
cruce *m* crossing
crucecilla little cross
crujido creak, rustle
cruz *f* cross
cuadrilla gang
cuajar to steady (literally, solidify)
cuanto: — más the more; en — as soon as
cuarenta: pasados los — being over forty
cuartilla sheet
cucaracha cockroach
cuenca socket (of eye); valley
cuenta: a fin de —s all in all; — corriente checking account; por su — each on his own
cuesta slope
cuita trouble
culo buttocks
cumbre *f* peak, summit
cumplir (con) to fulfill
cuna cradle
cundir to spread
cuñada sister-in-law
cúpula dome
curtido tanned
cúspide *f* top, peak

CH

chapotear to wade
charco puddle
charlar to chat
chatarra pile of junk
chiflada crazy
chifladura eccentricity
chiquero pigsty
chirrido shrill sound
chispa sparkle
chiste *m* joke
chivato goat
chocar to crash, collide
choque *m* shock, collision
chubasco cloudburst
chupalla straw hat
chupar to suck

D

dados *pl* dice

dar: — con to find; da lo mismo it's all the same; — paso to yield

deán *eccles* dean

debatir to struggle; to debate

deber *m* mission

decanazco diaconate, dean's position

decepción disappointment

decomisar to take away

dejar: —se prender de to let oneself be caught in

dejo touch

delatar to accuse, denounce, inform on

demás: por lo — besides, anyway

demente insane

derechos: plenos — infantiles legal equality for children

derredor: en — round about

derrota defeat

derrotar to defeat

derruido in ruins

desahogo relief

desalentar to discourage

desangrarse to bleed, lose blood

desapacible unpleasant

desaprovechar to waste

desarrapado ragged, shabby

desasosegar to unsettle

desbarajuste *m* chaos

desbaratar to disperse; to wreck; *fig* to unravel

descarga electric discharge

desconfiar to mistrust

descorazonamiento loss of heart

desde: — luego of course; immediately

desdén *m* contempt

desdichado unfortunate

desdoblamiento unfolding

desembocar to come out

desempeñar to carry out

desencadenado loose

desfallecimiento fainting spell

desfilar to parade

desgarramiento tearing

desgarrarse to tear

deshacer to undo; —se de to get rid of

deslizar to glide; — una enmienda to slip a change into the text

deslumbrador dazzling, brilliant

deslumbrante dazzling, blinding

desmayarse to faint

desmedido excessive

desmentir to belie; to conceal

desmontar to analyze

desnudo bare, naked

despacho report; redactar —s to draft reports

despachurrar to smash; to destroy; to rip open

desparramar to disseminate

despechado disappointed

despegar: sin — without parting

despegue *m* take-off

despeinado entangled; ruffled; uncombed

despejarse to clear (the sky); *fig* to wake up

desplegar(se) to spread out, unfold

desplomarse to collapse

despojo spoils

desprender to unfasten; —se to be deduced

despreocuparse to forget one's worries

despuntar: al — la mañana at the crack of dawn

destacarse to come forth

destartalado broken-down

destrozado ruined

destructor destroyer

desvalido helpless

desvanecer to solve; to vanish

desvelar to uncover; to keep awake

desvelo wakefulness

desvestir to undress

detenidamente carefully

determinado certain

deudo relative

devolver to give back, return

dibujo sketch

difundir to spread

dilatar to spread out

diluirse to dissolve

dimisión resignation

diosa goddess

disculpa apology

disculparse to apologize

discurrir to reflect, meditate

discurso speech
discutir to argue
disfraz *m* cover, disguise
disfrazarse to disguise oneself
disimulo dissimulation
dispar unequal, different

E

economía: de — on a tight budget
ecuánime calm
echar to throw; to pour; to fire (from a job); **— a perder** to spoil; **— de menos (a)** to miss (someone); **— la culpa** to blame; **—se a** to start
efectivamente actually
efectivo: listas de — accounts
efigie *f* image
eje *m* axis
embadurnado smeared
embajada embassy
embarrado muddy
embestir to attack
embriagar to inebriate
embrujar to bewitch
embustero liar
empañar to cloud
emparrado arbor
empinado prominent; steep
emplazamiento summons
enano dwarf
encabritarse to rear (a horse)
encaje *m* lace
encanijar to weaken
encapotar to cover with a cloak; **—se** to become overcast
encaramarse to climb into
encarnado red in color
encenagado muddied
encina live oak
encogerse: — de hombros to shrug
encomendar to entrust
encorvado bent
encovado hidden
encrucijada intersection
encuclillado squatting
encuesta poll
enchufar to plug in; **—se** to put on
enderezarse to straighten up; to walk toward

enfermiza sickly
enfrente opposite
engaño deceit, fraud
engarzar to set
enlace *m* connection
enlazar to intertwine, link
enloquecer to go mad
enmudecer to silence; to keep silent
enojarse to get angry
enojoso bothersome
enredadera vine
enrevesada intricate
enriquecerse to get rich
enroscarse to crawl up in snake-like movement
ensancharse to widen
ensayo essay
ensillar to saddle up
ensombrecer to shade
ensoñación dream
ente *m* being
enterrar to bury
entintar to dip pen into ink
entornado ajar, half-closed
entreabierto half-open, ajar
entretejer to mix
entretenerse to amuse oneself
entrevista interview
entrometerse to interfere
entroncar to make contact with
enturbiar to trouble
envenenar to poison
envidiar to envy
envoltura wrapping, wrapper, ticking
envolver to envelop; to involve
equívoco suspicious
erizarse to stand on end
escabullirse to disappear
escala stopover
escalinata staircase
escalofrío chill
escalón step (of a stair)
escamotear to conjure away
escaño bench
escaparate *m* shop window
escarpado steep; rough
escaso scarce
esclarecimiento explanation; information
escombros *pl* wreckage, shambles; rubbish
esconder(se) to hide

escritorio desk
escudero servant, squire
escudo: — de armas coat of arms
esmerilado opaque
espaciado diffused, scattered; expanded
espantar to frighten
espanto fear
esparcir to spread
especie *f* falsehood; kind, sort
espejo mirror
espesura thickness; thick woods, thicket
espiar to spy on; to await (stealthily)
espina thorn
esponja sponge
espuma froth, foam
esqueleto skeleton
esquilón cattle bell
esquina corner
estafar to cheat
estancarse to become stagnant
estilóbato stylobate (base for columns)
estirarse to stretch
estrado drawing room
estragado corrupt
estrella star
estremecer(se) to shake, tremble
estremecimiento shiver
estrenar to try out
estribación spur
estropear to ruin
estuco plaster
estuche *m* small case
exaltado hot-headed, high-strung
exangüe bloodless
éxito success
explanada plain, large open space
extrañarse to be amazed
extraviado lost; wild
extravío confusion

F

fabricación manufacture
facción expression; feature
fachada façade
falúa tender (ship)
fallar to fail, miss
fallecer to die
fallo miss

fastidiar to annoy
fastidioso vexing
fasto grandeur
fatuos: fuegos — will-o'-the-wisp
faz *f* outside; face
febril feverish
fecha date
felicitarse to congratulate oneself
ferétro coffin
festejar to celebrate
feudo feudal land
ficha identity card
fiebre *f* fever
fijarse to imagine
fila row
filo: al — del llanto on the verge of tears
filtro potion
fin *m* completion, end; llevar a buen — to carry to completion
finjir to pretend
firma signature
fisgón busybody; "nosy" ghost
flaco skinny
flaquear to falter; to weaken
fletar to rent, hire
flojedad laxity, laziness
flor: a — de piel at the surface
fluir *m* fluidity
fogata bonfire
folleto booklet, pamphlet
folletón: artículo de — feature article
fonda inn
fornido muscular
foro: ancho — wide public
forrar to line
franja fringe
franquear to cross
frazada blanket
frenar to constrain; to stop suddenly
frente: de — face to face
frotar *m* rubbing
fuerza: — motriz motor power
fugaz short-lived, ephemeral
funda pillowcase
fundamento substance
fundir(se) to fuse
fundo land; — colindante neighboring estate
fúnebre funereal
funesto sad, ill-fated

fusil *m* rifle
fusilar to shoot

G

galés *m* Welsh
ganas: sin — half-heartedly
garabato scribbling
garfio drag hook
garra claw
gastado rotting; worn-out
gemelo twin
gemido moan
gentío crowd, throng
ginebra gin
goce *m* pleasure, enjoyment
golosina sweet
goloso sweet-toothed; greedy
golpe blow; throw of spear; de — suddenly
golpear to beat, pound; —se to hit oneself
gorrita little cap
gozar (de) to enjoy; en — de in our enjoyment of
gracia: hacerle a uno poca — to not interest one
gracioso funny, witty
granjear to accord; to win over
grasienta oily
graznar: ¿Qué andas graznando? What are you croaking about?
graznido croak
grey *f* faithful
griego Greek
gritadera uproar
gruta grotto
guadaña scythe
guarida lair, hiding place
güero pal
gusano worm

H

hacendoso industrious
hada fairy
halcón *m* falcon
hallazgo finding
haz *f* surface
hazaña deed
hechizo spell
hecho: de — in fact
helado cold

hender to cleave, cut through (air, water), dart across
hendija chink
heredero: príncipe — crown prince
herramienta tool
herrero blacksmith
hielo ice
hígado: hasta echar los —s until exhausted
hinojos: de — kneeling
hisopo aspergill
hito: — en hito squarely in the face
hogareño: economía hogareña home economics
hojear to leaf through
hollar to tread on
honda sling
hormiga ant
hormigueo itching
horror: horrores de enormous amounts of
hortalicero vegetable man
hospedar to entertain
hoy: — en día nowadays
hucha piggy bank
hueco depression
huella trace
huérfano orphan
hueso bone; sin — hollow space
humareda thick and poisonous smoke
hundimiento sinking feeling
huracán *m* storm
hurtarse to hide, withdraw, slip away

I

ignoto unknown
ijar *m* flank
ilustración illustrated magazine
imbunche *m* witch's victim, a human with all orifices sewn up and kept alive by magic
imponerse to assert oneself
imprevisible unforeseeable
imprevisto unforeseen
impulsar to propel
incauto open
incendiar to set on fire
incendio fire
incesante incessant

incluso even
inconfundible unmistakable
inconveniente *m* objection; **no tener —** to have no objection to
incorporarse to get up
increpar to scold
indicaciones instructions
indicio sign
infundir to inspire
ingerir to swallow
inmóvil still, motionless
inmovilismo immobility
inquilino tenant
insensato nonsensical, foolish
inservible useless, broken-down
insobornable incorruptible, whole
integrar to make up
intrincado complex
intruso intruder
intuir to sense
inundación flood
inundar to flood
irrisorio ridiculous
irrumpir to barge in
islote *m* small island

J

jadear to pant
jarabe *m* syrup
jaula cage
jauría pack
javanés from Java
jinete *m* horseman
jirones tattered clothing
jónico Ionic
joyel *m* small jewel
juanete *m* bunion
jubilarse to retire
jugo juice
junco reed
juntar to gather
justificar to prove, verify, demonstrate

L

labrado polished; ornate; carved
labranza: tierra de — crop land
laca lacquer
ladear to turn

ladera slope
ladrar to bark
ladrido bark
lago lake
lanzarse to jump
lastimoso pitiful
lata can; bore, nuisance
latido beat
latir to vibrate
lavadero laundry room
lavar to wash
lazo connection
lecho bed
lectura: libros de — readers
legua league (about 3 miles)
lejano far
lentisco mastic tree
lentitud slowness
lento slow
leño wood
letra: al pie de la — scrupulously; **— de araña** angular handwriting
liarse to get involved; to curl around
libra pound
librar: líbreme Dios may God protect me
librería bookstore
licenciado lawyer
lidia Lydian
ligado linked
limo slime
limpiar to wipe off, clean
liso smooth; simple, plain
litera litter
loado praised
lobo wolf
locura madness
lodo mud
lomo back; ridge
lucir to sport, show off
luchar to struggle, fight
lúgubre mournful, sad
lunar *m* patch
luto: de — in mourning

LL

llama flame
llanto sobbing
llanura plain

llevar: dejarse — to let oneself be carried away; **— a buen fin** to carry to completion; **— a cabo** to carry out; **—se** to take away, carry off
llorona wailer
llovizna drizzle
lluvia rain
lluviecilla soft rain

M

madera wood
maldición curse
maldito accursed, damned
maleficio black magic; spell
maleta suitcase
manejar to drive, operate
manotazo: a —s with hurried movements
manta blanket, cover
mantener to support
marchar to run (machine); **—se** to get away
mareado upset; dizzy
marear to make dizzy
mareo: tener —s to be dizzy
mármol *m* marble
marqués *ms* marquis (title of nobility)
matiz *m* shade
matorral *m* thicket, bush
mediante by means of
medida: a — que in proportion as
medir to measure
meica healer (*from* **médica**)
mejilla cheek
membrillo quince
mensaje *m* message
mente *f* mind
mentir to lie
menudo: a — often
meprobramato tranquilizer
mercado market
merced *f* favor
meseta plateau, tableland
metido: — en involved in
mezclar to mix
miel *f* honey
miembro limb
milagroso miraculous
mimoso affectionate
minucia detail

miserable unfortunate
mísero wretched, miserable
mobiliario furniture
moda fad, fashion
modo: de malos —s with a bad temper
moflete *m* fat cheek
mohoso rusty
mojado wet
mole *f* size, bulk
monja nun
montaña mountain
montar to ride
monte *m* mountain
montero beater
montón pile
monzón *m* monsoon
mora blackberry
morada abode, dwelling
morado purple
morar to dwell
morder(se) to bite
mordiscar to bite, nibble
mosca fly
mostaza mustard
mostrador *m* counter
motriz: fuerza — motor power
mucho: de las muchas like so many others
mudo silent
muebles *mpl* furniture
mueca grimace
muelle *m* dock
mugriento filthy
muleta crutch
muñeca wrist
murciélago bat
murmurar to whisper
musitar to whisper
muslo thigh
mustio depressed, gloomy

N

nacimiento birth
nana nanny
nariz *f* nose; *pl* nostrils
náufrago shipwrecked person
nefasto wicked
negar: los ojos se me negaban I couldn't see its eyes
negrilla: en — in bold face
nervudo sinewy

neurasténico neurasthenic
nido nest
niebla fog
nieve *f* snow
nigromancia magic, black magic
niñería: soñada — childish fancies
niño: — de pecho baby
noche: — arriba into the night
nombramiento designation, nomination
novedad novelty; change
nudillo knuckle
nudoso bony

O

obispo bishop
obsequiarse to include free of charge
odio hate
ofrenda offer, offering
ojo eye; **— de cerradura** keyhole
oleada big wave
olmo elm
oloroso fragrant, scented
onda wave
orar to pray
orden: a sus —es at your (his, her) disposal
oreja ear
orgulloso proud
orilla shore
orla border
osar to dare
otorgar to grant

P

pabellón *m* tent
padecer to suffer (from)
página: a toda — full-page
pájaro bird
paje *m* page, court attendant
pálido pale
palmada slap
palo: — de rosa rosewood
papado papacy
pardo dull
pariente *mf* relative
párpado eyelid
particularidad peculiarity
partida departure
partido party (political)

parto birth
pasadizo corridor
pasaje *m* fare; trip; passengers
pasajero passenger
pasar: — por alto to omit
paso escape; **cortar el —** to cut off, intercept
pasto lawn
pata paw; **en cuatro —s** on all fours
pataleo kicking
patrón boss
pavor *m* fear
pavoroso frightening
pecho chest; **angina de —** angina pectoris
pedregoso rocky
pegajoso pesky; sticky
pelado barren
peldaño step (of stairs)
pelirrojo redheaded
pelleja skin
pena: a duras —s with great difficulty
pendiente: — de subject to
penumbra shade
peña big rock
peñasco boulder
peñón rock
peonada group or gang of farmhands, laborers
percatarse to become aware
percibir to perceive
percha hat rack
perder: — pie to lose one's footing
perdiz *f* partridge
peregrino pilgrim
pereza laziness
perfil *m* profile
perfilar to take shape
perito expert
perorata speech
perrera kennel
perro: — guardián watchdog
perseguir to persecute; to pursue
personaje *m* character
pertinaz obstinate
pesadez *f* heaviness
pesadilla nightmare
pesado heavy
pesadumbre *f* grief
pesantez *f* heaviness

pesar: pese a in spite of
pesarosamente sadly
pesaroso sad
pesebre *m* manger
peso weight
pestaña eyelash
pez *m* fish
piadoso pious
picadura insect bite
picana big shove; goad
picante pungent
pie: al — de la letra scrupulously
piel *f* skin
pierna leg
pieza prey
pillar to catch
piojoso louse-ridden
pique: a — headlong; on the verge of; sinking
pisada footstep
pista trail, track
pizca grain
plano: de — flatly
plantar to quit
platerense of or from Buenos Aires
plazuela little square
plebe *f* common people
plegaria supplication
pleno full
pliegue *m* fold
plomizo leaden
plomo lead
poblado populated
poblador settler
podés Argentine form for **puedes**
política policy
polvareda cloud of dust
polvo dust
polvoriento dusty
ponderación: sobre toda — beyond description
poniente *m* west; **el sol —** the setting sun
porfiado persistent
porvenir *m* future
pos: en — de after
posarse to settle, alight
posible: a ser — if possible
postergar to postpone
postre *m* dessert
postura posture, position
prado garden, meadow
precipitarse to rush; to throw oneself

predecir to predict
premiar to reward; to give an award to
prender to grasp, seize; to secure, attach; **— fuego** to set fire
preparativo arrangement, preparation
presea medal
presentimiento misgiving; premonition
presentir to sense
presidir to oversee
presumir to give oneself airs
presupuesto budget
prever to foresee
prez *f* honor, glory; worth
primicia first fruits
primogénito first-born
primor: con — beautifully
pro: en — de on behalf of
proa ship's prow
pronunciar: se le pronunciaba could be seen
propósito objective; **el más a —** the best spot
proseguir to continue
prosternarse to prostrate oneself
prostíbulo house of prostitution
provisto: — de supplied with, furnished with
puente *m* bridge
puesto post, employment; **— que** *conj* since
pulga flea
pulimentar to polish
pulpo octopus
pulsar to take someone's pulse
pulsera bracelet; **reloj de —** wristwatch
punto point, item; sight
punzante poignant
puñado handful
puñalada dagger thrust
puño fist; **de su — y letra** in your (his, her) own handwriting

Q

quebrado pale
quedarse: — parado to be stopped cold
quehacer *m* task
quemar to burn

quesero   cheesemaker
quienquiera   whoever

R

rabia: tomar —   to hate
rabieta   tantrum
radicar   to be rooted; to reside
raíz *f*   root
rajadura   crack
rama   branch
ramal *m*   whip
ramillete *m*   bouquet
ramo   branch; field (of science, business, learning)
ras: a —   to the level
rasgo   trace
rasguño   scratch
rastro   sign, trace, trail
rato: a —s   at times; al — in a short while
razón: dar — de   to explain, give an account of
realizar   to carry out
rebosante   brimming
rebosar   to overflow
rebotar   to bounce
receta   prescription
reclutar   to recruit
recobrar   to regain, recover
recogerse   to retire, withdraw
reconstruir   to reconstruct
recortar   to sculpture
recreo   recess
recto   straight
recurso   resource
rechazar   to reject, refuse
red *f*   net
redacción   editing; drafting, writing
redactar   to draft
redentor   redeemer
redondo   round
reemplazar   to replace
referir   to explain
refunfuñar   to grumble
regalar   to please
regalona   pampered darling
regir   to govern, rule; to be in force
regla   rule
regresar   to return
regreso   return
reina   queen
relacionarse   to be related

relámpago   lightning; flash
relampaguear   to glow
relato   story, tale
relieve: poner de —   to point out
rellano   landing
remache *m*   rivet
remadura   very ripe
remitir   to slacken, abate
remolcar   to tow
remontarse   to go back
remover   to stir, disturb
rendija   crack, chink
reñir   quarrel
reojo: de —   askance
repartir   to share; to allot
repente: de —   suddenly
repicar   to peal
reponer   to answer
reprimir   to repress
requemar   to parch; to burn; —se to get parched; to get sunburned
requerir   to need
resbalar   to slip; to glide
reservar   to omit; to set aside
resguardar   to protect
resoplar   to snort
resorte *m*   spring, reaction
respaldo   back
resplandecer   to shine
resquicio   chink
resucitar   to return to life
resuello   breath
retablo   painting
retorcer   to twist
retornar   to turn back
retrasar   to delay
retrato   portrait
retumbo   echo; sordo — dull echo
reunirse   to join
revisar   to check
revoltijo   tangle
revolver   to tangle
rezagar   to leave behind; —se to fall behind
rezar   to pray
ribera   shore
riego: fundos de —   irrigated lands
rielar   to glimmer
riesgo   risk
risa   laughter
risueño   pleasing
rizar   to ripple

rizo curl
roce *m* friction, rubbing
rocío dew
rodilla: de —s kneeling
rojizo reddish
ronco hoarse
roñoso mangy
ropa: jirones de — tattered clothes
rostro face
rozar to graze
rueda wheel
rugir to roar; to rumble; *fig* to warn
rugoso wrinkled
rulo dry, sandy farm
rumbo course, trail; de — a in the direction of
ruso Russian

S

sabandija reptile
sabiduría wisdom
sacacorcho corkscrew
sacerdotisa priestess
sacudir to jerk, jolt
saeta arrow
salamanca cave
saldar to clear up
saltito little jump
salve *interj* hail; rezar —s to say Hail Marys
salvia sage
salvo except
sangrar to bleed
sano healthy
sebo tallow
sed *f* thirst
seguridad security
sellar to seal
semblante *m* face
semilla seed
sendero path
seno center; depth
sensibilidad sensitivity
sensible sensitive
sentido meaning
seña sign; —s sign language; description
señorío feudal rights
señorón *m* landowner
seóres *contr of* señores
sepultar to bury; *fig* to conceal

sequedad *fig* curtness, unfriendliness
sequía drought
sereno *m* night watchman
serpear to wriggle
serreta noseband
sesudo "brainy"
siempreviva forget-me-not
sienes *fpl* temples
sigiloso secretive
significado meaning
sima abyss
síncope *f* fainting spell
sinfonola jukebox
sinrazón *f* nonsense
siquiatra *m* psychiatrist
sirio Syrian
sirviente *m* (*f* sirvienta) servant
soberbia arrogance
soberbio haughty, proud
sobrante superfluous
sobrar to exceed, be left over
sobre *m* envelope
sobrecoger to overcome
sobrepasar to exceed
sobreviviente survivor
soledad loneliness
soltar to loosen; — una carcajada to burst out laughing
soltera unmarried woman
sollozar to sob
sollozo sob
someter to subject
soñoliento sleepy
soplar to blow
sordo muffled; deaf; unresponsive
sortear to evade
sosegarse to become gentler
sospecha suspicion
sótano cellar
subconsciente *m* subconscious
subrayar to underline
sucio dirty
sudor *m* sweat, perspiration
sueldo salary; paycheck
sujetar to fasten
sumergir(se) to submerge
superar to overcome
suplir to replace, act as substitute for
suprimido suppressed
supuesto feigned

suputar to reckon
surgir ro arise
surtir to yield; to offer
sus *interj* hurry up
suspiro sigh
susto fear; fright
susurrar to whisper

T

tacto sense of touch
tajo: de un — with one slash
taladrar to pierce
tallar to carve
tamaño size; **— chisme** such slander
tamborilear to tap one's fingers
tapa lid
tapia garden wall
tapiz *m* tapestry
tapón *m* cap (of bottle)
tarea task, endeavor
tartamudear to stutter
techo ceiling
tejado roof; **— pajizo** roof thatched with straw
tela canvas, painting
telón curtain (of a stage)
tema *m* subject, theme
temblar to tremble
temor *m* fear
tempestad storm
tender(se) to spread out, extend
tener: — puesto to have on, be wearing
teniente *m* lieutenant
tentador tempting
terciopelo velvet
termas *fpl* baths
ternura tenderness
terreno ground
terrestre earthly
terrón *m* clod of earth
terrorífico terrifying
testigo witness
tibio pale; *fig* broken
tierno tender
tieso stiff, rigid
timbre *m* bell
tintero inkstand
tipo fellow, guy

tirón: de un — at a stretch, with one stroke
titular *m* headline
Tolosa Toulouse
tomillo thyme
topeadura roundup
torcer to twist; to turn; to change directions
tormenta storm
tornero lathe operator
torno: en — a with respect to; around
torre *f* tower
tortilla: se le dio vuelta la — his world became topsy-turvy
tortuga tortoise
tosco rude
toser to cough
traducir to translate
tragar to swallow
traición treachery, betrayal
transcurrir to pass, elapse
tranvía *m* trolley, streetcar
trasgo hobgoblin, sprite
trasladar to copy, transcribe; **—se** to move
traspasar to pass over, cross over
trasponer to set below; to go behind
trastornar to upset, perturb
trastorno disturbance, trouble
tratamiento treatment
travieso: a campo — across the field
trébol *m* clover
trepar to climb
tres: a las — Now!
tribu *f* tribe
trigo wheat
trilla threshing
tripa gut
tristeza sadness
trocha path
tromba: — licuadora electric mixer
trompa proboscis; horn
tropel *m* crowd
Troya: fue — trouble started
tufo strong smell
Túnez Tunis
turbar to disturb, trouble
turno: comprador de — waiting one's turn
tute *m* Spanish card game

U

ubicuidad ubiquity, sense of being everywhere
ungüento ointment
uníos unite
unir: irse uniendo to join in
uña nail (of finger)

V

vacante: no hay — there is no opening
vaciar to empty
vacuna vaccine
vagoneta small open car; dump cart
vaivén *m* pacing
vajilla dishes
valentía bravery
vara: — alta authority
varón: hijo — male child
vástago offspring
vedar to prohibit
vega plain
vela: en — sleepless, awake; **poner —s** to light candles
velar to keep a watch
velocidad speed; **— límite** maximum speed
velludo hairy
venablo spear
vendimia grape harvest, vintage
venenoso poisonous
venganza revenge
vengarse to avenge
venta: a la — on sale
ventanal *m* large window
ventilador *m* fan
verdor green, greenness

vergonzoso shameful
vergüenza shame
verruga wart
vertiginoso dizzy; crashing
vértigo dizziness
verter to spill
viaje: — de vuelta return trip
vidente *m* seer
vidriera stained glass window
vidrio glass
vigilia day or night before
villancico carol
vitral *m* window
volante *m* steering wheel
volar to fly
voltear to overturn; to turn over
vos Argentine form for **tú**
vuelo: — de ida flight out
vuelta turn; **dar —s** to go round and round; **viaje de —** return trip
vulgo populace

Y

ya... ya either . . . or
yacer to lie (stretched out)
yermo barren
yodo iodine

Z

zaherir to attack
zambullirse to dive
zarandear to shake
zarza bramble
zozobra uneasiness
zumbar to hum
zumbido humming